读懂青春期

小多传媒 / 编著

俞姝倩　陈凡 / 改写

推荐序

相伴"少年时" 共谋未来事

2023年春,我应小多传媒之邀,参加了全程直播的"少年时100科学阅读大会"。此次活动以《少年时》出版100期为契机,召集多位关心科学教育发展的专家学者,连线全国各地的《少年时》读者家庭,一道探讨家庭教育的智慧和幸福之道,话题涉及阅读与写作、跨学科思维、科学与理性、情感和心理、审美能力等方面内容,丰富而厚重。

如今呈现在大家面前的"未来少年"书系,我想应该就是前述活动的深化与延续了。这是一套由一支高水平团队打造的尤其适合学生课外阅读的图书,堪称提升少年朋友科学和人文综合素养的极佳读本,特别是,对成长于新时代的少年朋友们最有助益。

为什么这么说?

国外有教育界人士尖锐地指出,当下的学校教育和创新需求越来越强的世界之间是完全脱节的。创新的迅猛发展正在迅速淘汰社会结构中稳定的例行职业,蚕食经济体系中的传统工作机会。企业都希望能聘用到凭借创造力去解决实际问题的人，希望这些人能不断找到新方法，为组织增值。因此，这激发了教育工作者的思考：什么才是教育中真正重要的东西？如何为少年朋友们重塑教育，开辟一条更有可能成功的路？

其实，爱因斯坦早在1936年所作的一次演讲中，就曾表达过这样的意思。他说："教育的首要目标永远是独立思考和判断的总体能力的培养，而不是获取特定的知识。如果一个人掌握了他的学科的基本原理，并学会了如何独立地思考和工作，那么他肯定会找到属于自己的路。"

另一方面还要看到，我们的教育体系通常都着力于推动学生学习数学、语言、科学和其他"硬技能"的发展，而不太重视人文学科、创作类学科（如音乐、艺术）、元认知技能等所谓"软技能"的培养。针对这一缺憾所提出的21世纪技能则包含以下几个方面：学生的批判、探究与创新能力；数字技术的掌握、应用能力；各类文化、社会的适应和实践能力。上述诸方面，"未来少年"书系恰恰都有所涵盖。

事关一个人成长发展的素养，通常可以从多个方面进行考量，最核心的素养，我认为概略说来是两种：科学素养与人文素养。而人的素养的提升，在很大程度上是通过阅读来实现的。这当然不能局限于学校内课程学习中的阅读。

成长中不能没有书香，就像生活里不能没有阳光。阅读滋以心灵深层的营养，让生命充盈智慧的能量。

相伴"少年时"，共谋未来事！

愿"未来少年"书系能够铺展开少年朋友们认识世界的一扇扇窗，也承载一个个梦想起航。愿大家能够感悟创新、创造的奇迹，获得开启心智的收益。在阅读中思考，在思考中进步，在进步中成长！

尹传红

（科普时报社社长、中国科普作家协会副理事长）

总 序

亲爱的少年朋友：

你们好呀！先做个自我介绍——我是"未来少年"书系的主编周群，非常荣幸能在这个充满梦想和挑战的时代与你们相遇。

让我们来个小热身，想象一下，如果你能和世界上最聪明的人对话，如果你能随时随地穿越到任何一个科学领域，如果你能掌握一种魔法，让你的学习变得轻松有趣，那该多好！告诉你，这并不是梦，这一切的美好，都在我们这套书系里。

对，就是这套"未来少年"书系！

作为主编，我要郑重其事地向你们介绍这套书系的特点：

第一，这是原作者、编者、编辑们共同为你们精心打造的一份礼物。

它的诞生，源自一个简单而伟大的愿望：为未来的中国培养具有核心竞争力的青少年。因为我们深知，未来的世界将充满挑战和机遇，而你们，正是这个未来的主角。通向未来的路就藏在你们的好奇心和求知欲中。

我们从《少年时》的100多册辑刊、2000多万字的原创篇目中，提取主题内容，经过精心整合和重构，为你们带来了第一辑精彩纷呈的五本书。我们根据同学们的阅读能力和认知特点，将这些内容进行了精心的改写和编排。希望通过我们的智慧和努力，将复杂深奥的知识转化为同学们能够理解和接受的语言，让你们在阅读的过程中既能感受到知识的魅力，又能感受到学习的乐趣。

第二，这套书系的内容极其丰富。

书系内容涉及科学、文学、艺术、历史、地理等多个领域。每一本书都是一个独立的世界，每一个故事都是打开少年读者心灵的一扇窗户。在这里，你们可以与历史上的英雄对话，可以探索宇宙的奥秘，可以理解艺术的魅力，可以体验运动的快乐，可以感受生活的趣味。在这里，你们将遇见来自世界各地的科学家和学者，他们会用最前沿的研究成果，为你们揭示科学的奥秘、文化的精髓。你们会了解到，无论是微观世界的粒子舞蹈，还是宏观宇宙的星辰闪烁，都是我们共同探索的对象。这些知识不再是枯燥无味的课本内容，而是变成了一个个生动的故事，等待着你们去发现、去感受、去思考。

每一本书都像是一扇神秘的大门，等待着你们去推开，去发现里面的宝藏——

《我们该怎样学习》将带你发现自主学习的秘密，让你在知识的海洋中遨游，不仅会教你如何学习，更会教你如何享受学习。

《读懂青春期》则是你们的贴心小伙伴，它会帮你理解自己的情感和身体变化，让你在成长的道路上更加自信。

《每个人都有幸福的能力》，将教你如何在日常生活中找到快乐的源泉。它会告诉你，幸福并不是远在天边的梦想，而是近在咫尺的小事。

而《聊聊写作这件事》则是你的创意伙伴，它会激发你的想象力，让你的文字充满魅力。

最后，《谋划你的未来职业》这本书，将带你一起规划未来，让你的梦想不再遥远。它会告诉你，未来的世界充满无限可能，而你，就是那个能够创造可能的人。

相信通过对第一辑五本书内容的介绍，你还能发现这套书系的第三个特点——跨学科性和实用性非常突出。

原作者和编者们不仅关注科学知识的传授，更重视人文素养的培养和能力的提升。我们希望通过这套书，帮助你们在建立起完整的知识体系的同时，拥有独立思考和解决问题的能力，更具备科学精神和人文关怀相结合的思维方式，让你们不仅能更好地理解当下的世界，也能更好地适应未来，成为未来社会的建设者和领导者。

为了把这套书打造成真正助力你们人生远航的导航仪和望远镜，我们还为这套书配备了一线名师的微课视频。这些资源将帮助你们更深入地理解书中的内容，更全面地掌握知识，更有效地提升自己的能力。想象一下，就像有一群知识渊博的大朋友，随时准备回答你的每一个"为什么"，陪伴你一起成长。

综上所述，作为主编，我更愿意把这套"未来少年"书系称作"桥梁书"——因为它不仅仅是一系列书籍，更是一座连接现实与未来、传统与创新的桥梁。

最后，我谨代表所有参与这项编写工作的老师和编辑祝福你们！愿你们在"未来少年"书系的陪伴下，成长为有知识、有能力、有情怀的新时代少年，成为未来社会的栋梁之材。祝愿你们在知识的海洋中自由遨游，在成长的道路上越走越远，在梦想的天空中绽放光芒！

你们的大朋友

"未来少年"书系主编周群

2024 年 3 月 28 日，于北京孚王府

导 言

嘿，充满能量的少年朋友！你们好吗？从今天开始，我们要谈论一段充满奇妙变化的时光——青春期！

首先，让我告诉你们，青春期是一个非常了不起的阶段，充满了各种变化和发现。你们会逐步从可爱的小屁孩成长为了不起的年轻人。最先引起你们注意的可能是身体，身体就像自己会施展魔法一样产生一系列的变化：对于男生来说，你们可能会发现自己长出了胡须，嗓音也变了；对于女生来说，你们可能会发现自己身体拥有了美丽的曲线；等等。同时，情绪的过山车也来啦！在青春期里，你们也会经历情绪的大起大落：有时候可能觉得自己是世界上最幸福的人，转眼间又可能会沮丧得像丢了心爱的玩具。别担心，这些起伏都再正常不过了！

你们不仅在生理和情感方面有所成长，智力也会成长。你们的大脑会重构，使你们成为思想更深刻、能力更强的人。当然，随之而来的还有激动人心的自我发现之旅。这个时期，你们有机会探索新的兴趣，你们有可能会发掘自己的潜能，并开始追寻属于自己的梦想。向内探索的同时，你们还将重新思考自己和他人的关系。你们或许会结交新的朋友，同时也会发现人与人之间的不同。千万不要担心自己与他人不一样，因为这就是你们独特的魅力，也是让你们在人群中脱颖而出的原因。做自己最重要，这样你们才会吸引到最酷的朋友，他们会喜欢你们真实的样子。

当然，应对所有的这些变化并不容易，但在这个必经的旅程中你们并不孤单！你们的家人和朋友都会在一旁支持你们，记住，当你们需要帮助时，千万别指望一个人扛下所有。去分享真实的感受，去寻求帮助，去找到理解你们的人。说到家人，是的，有时候父母可能看起来像来自另一个星球的唠叨生物，但实际上他们非常关心你们，希望你们过得好！跟他们多沟通，分享你的喜怒哀惧，说不定会有出乎意料的共鸣。对了，别忘了保持健康的生活方式哦！多吃水果蔬菜，多运动，尽量保持好心情。毕竟健康才是我们快乐和成长的基础。

青春期是一段激动人心的旅程！它可能会有一些颠簸，但它也会使你们变得更强大、更成熟。拥抱这段旅程，年轻的勇士们，用自信、快乐，去征服未来和世界吧！

目录

第一站

青春期登陆啦！

几分欢喜几分愁：青春期来啦 / 3

看不见的变化：青春期的大脑发育 / 13

两个调皮小伙伴：小痘痘和小肉肉 / 24

第二站

青春期，认识你自己

青春期＝叛逆期？ / 35

做自己人生的知己 / 43

无来由的自卑感，如何克服 / 50

第三站

青春期，我的情绪我做主

情绪也会"成长" / 59

做青春期情绪的主人 / 68

面对"抑郁"，该怎么办？ / 77

第四站

青春期，朋友间相爱相杀的小烦恼

我该道歉吗？ / 89

人不为友，天诛地灭？ / 96

对"欺凌"坚决说不！ / 102

第五站

永在的亲情

妈妈，能不能别管我？ / 111

独立前的序曲：母与子的青春期对照 / 120

当我们需要帮助的时候 / 133

附录

有趣的心理测试 / 141

后记 / 143

01

第一站

青春期登陆啦!

几分欢喜几分愁：青春期来啦

感谢你翻开这本书，从今天开始，我们将一同踏上一场关于青春期的探索之旅。在这里，我们将了解青春期带给每个人的变化，有生理和身体上的变化，有心理和自我认知上的变化，也有社交与人际关系上的变化。希望你们在读完整本书后可以更从容、更享受地与自己相处，与同伴相处，与家人相处，最后坚定顺利地走好你们自己的青春之旅。那我们就开始吧！

青春期是什么？

说到青春期，据说大人们是谈青春期色变，孩子们则是骄傲窃喜，真是几分欢喜几分愁。那么青春期究竟是什么呢？在描述青春期的定义与特点之前，我先邀请你们理解人的一生。每一个人从出生到长大就是一个发展的过程，发展到不同时期，就会有不同的特征和需求，面临的挑战也不尽相同，所以心理学家把一个人从出生到发育成熟的过程分成了如下几个阶段：婴儿阶段（0—1岁）；幼儿阶段（1—3岁）；学龄前阶段（3—6岁）；学龄期（6—11岁）；青少年阶段（11—18岁）；成年阶段（18岁以后）。

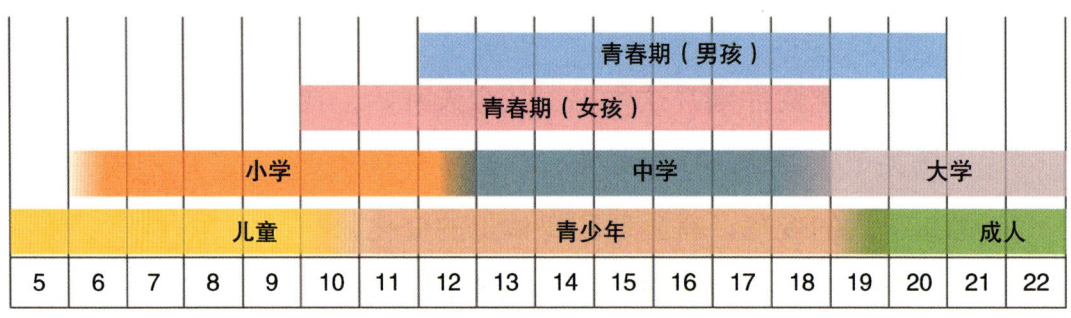

青少年期是指儿童过渡到成人的阶段（10—19岁），在这个阶段中，女生的青春期要早于男生

由此看来，青春期就是一个从儿童过渡到成人的成长阶段。世界卫生组织把青春期定义为个体从出现第二性征到性成熟，从儿童认知方式发展到成人认知方式，以及从经济的依赖到相对独立的过渡阶段。

一般而言，大家都会以年龄来划分这个阶段，只是考虑到基因、环境等因素，每个人进入青春期的具体时间会稍有差异，而各个国家对青春期的年龄划分也都不尽相同。世界卫生组织将青少年阶段年龄范围定为10—19岁。中国目前

人体激素：也称为"荷尔蒙"，是体内某一细胞、腺体或器官所产生的可以影响机体内其他细胞活动的化学物质。人体中有超过200种激素，它们各自承担着不同的功能。由性腺或性器官分泌的激素统称为性激素。

对青春期的划分也有两种声音。一种观点认为，青春期是一个人从童年期向青年期过渡的时期，并将其划分为青春期前期和青春期后期，其中10岁至十四五岁为青春期前期（女生一般为10—13岁，男生一般为12—15岁）；15—20岁为青春期后期（女生一般为14—18岁，男生一般为16—20岁）。另一种观点认为，青春期与进入初中、高中和大学的大概年龄相对应，可分为三个阶段：10—13岁为青春期早期；14—17岁为青春期中期；18—22岁为青春期晚期。

那么对于每一个人来说，什么时候就算是进入了青春期呢？一个重要的标志就是生理与心理的发展变化。现在，就让我们从青春期的生理发展过程开始聊起吧。

青春期的生理起点

青春期的生理发展是一个复杂的过程，涉及人体神经系统、内分泌系统和生殖系统的相互作用，而性的发育就是青春期发展的核心。你们也许会从家人的口中听到过"发育"这个词，其实他们想要描述的就是人在青少年时期发生的生理和性成熟过程。不知道你们有没有好奇过青春期最开始的时候身体发生了什么，关于青春期的启动，研究人员认为首先便是我们**神经系统**的发展。

在我们的神经系统中，大脑和脊髓构成了我们的中枢神经系统。而在中枢神经系统中，下丘脑（Hypothalamus）、垂体腺（Pituitary Gland）、性腺（Gonads）这三个部分又组成了简称为"HPG轴"的子系统，这个系统负责调节性激素的分泌和性腺的功能，可以说这个HPG轴子系统的发育就是青春期发育的领头羊了。从胎儿开始，中枢神经对性发育就一直保持着抑制作用：下丘脑对促性腺激素释放激素（GnRH）的分泌处于静止状态，而缺乏性激素的滋养，内外生殖器官就不发育。随着HPG轴的成熟，该抑制作用逐步减弱并消失，性激素被释放，生殖器官开始发育，青春期随之启动。同时，HPG轴因为自身系统敏感性的调整，分泌的激素也会逐渐增多。而更多的激素会导致性激素的分泌增加，进而促进性器官、第二性征相继发育,青春期发育就此迅速推进。

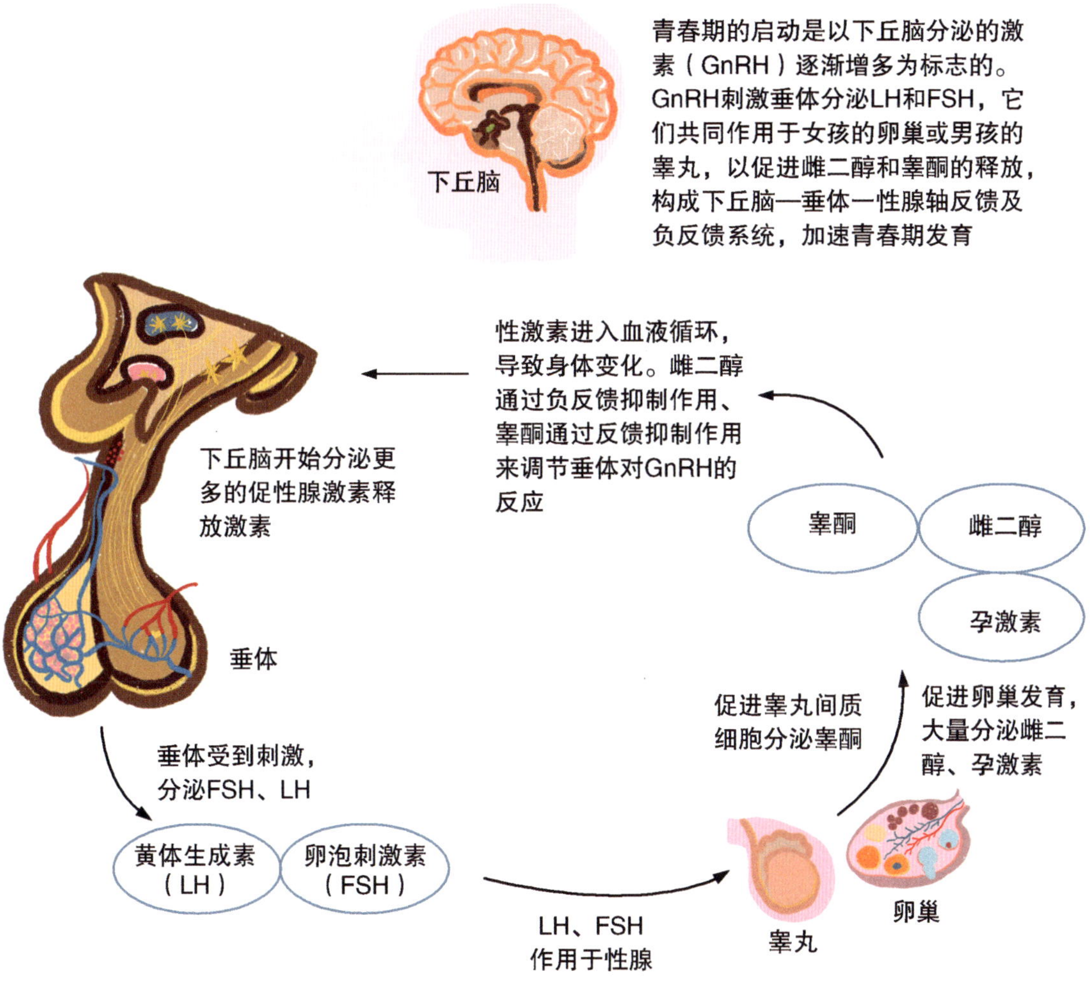

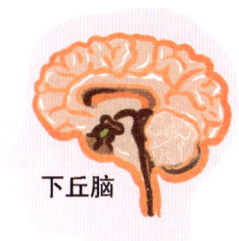

青春期的启动是以下丘脑分泌的激素(GnRH)逐渐增多为标志的。GnRH刺激垂体分泌LH和FSH,它们共同作用于女孩的卵巢或男孩的睾丸,以促进雌二醇和睾酮的释放,构成下丘脑—垂体—性腺轴反馈及负反馈系统,加速青春期发育

下丘脑

性激素进入血液循环,导致身体变化。雌二醇通过负反馈抑制作用、睾酮通过反馈抑制作用来调节垂体对GnRH的反应

下丘脑开始分泌更多的促性腺激素释放激素

垂体

睾酮　雌二醇

孕激素

垂体受到刺激,分泌FSH、LH

黄体生成素(LH)　卵泡刺激素(FSH)

LH、FSH作用于性腺

促进睾丸间质细胞分泌睾酮

促进卵巢发育,大量分泌雌二醇、孕激素

睾丸　卵巢

青春期的第二性征

像之前所说,青春期由一系列复杂的神经内分泌变化开始,激素水平的迅速变化导致了性征上的变化。下面我们就针对男孩和女孩的情况,分别展开说明。

对于男生而言,HPG轴的活动导致睾丸释放更多的睾酮激素并产生精子。睾酮的增加促进了男性第二性征的发育,包括面部和体毛的生长、嗓音变低、生殖器官增大等。在这一阶段,男孩还会出现遗精现象。它是男性青春期发育的正常生理现象,也是男性青春期发育的重要标志。所以男生们完全不需要担心或感到尴尬,因为它是身体自然发生的一种变化。事实上,

遗精: 指男性在睡眠中或清醒时因性梦或性刺激而无意识地自发射精的现象。

月经初潮: 又称为初经、初来潮或初经期,是指女性生理上第一次月经来潮的现象。

遗精通常在青春期初期比较频繁，随着时间的推移，可能会逐渐减少。此外，可以观察到的男生的身体变化还包括：喉结突出、嗓音低沉、肌肉发达、唇部出现胡须、周身出现多而密的汗毛等。

对于女生而言，HPG 轴的活动导致垂体腺分泌更多的卵泡刺激素（FSH）和黄体生成素（LH），然后 FSH 和 LH 的释放促使卵巢发育并排卵。卵巢开始产生雌激素，而女生第二性征的发育便接踵而至，包括乳房的发育、体型的改变和月经的开始。月经意味着女性的卵巢开始释放卵子，并产生雌激素和孕激素等激素，使子宫内膜逐渐增厚，为卵子着床做准备。在此期间没有受孕，子宫内膜会自然脱落，形成月经，排出体外。也就是说，初潮的到来就标志着女性进入了生育期，可以受孕和生育孩子了。而初潮后女性可能会出现月经周期不规律的现象，大约在两年后才能有规律地排卵。当然，女生的发育时间不尽相同，一般来说初潮在 9—15 岁之间出现都是正常的。此外，女生还会表现出嗓音细润、乳房隆起、骨盆宽大、皮下脂肪较多、臀部变大、体态丰满等特征。不管是男生还是女生，伴随着性激素的不断分泌，这些生理变化都意味着个体的性发展趋于成熟。

青春期的体征变化

性发育是青春期最重要的特征之一，除了上面描述的生殖系统功能的发育以外，青少年在青春期阶段的身高、体重也会呈现突增的发展态势：这一时期基本上每年能长高6—8厘米，有的能达10厘米以上；体重也明显增加，每年增加5—6千克，有的甚至能达10千克。相比男生，一般女生的青春期开始得早，身高、体重的变化也来得更早。在身体内部，青少年的各个内脏组织器官也在发育，表现为各器官的体积增大、重量增加，功能也日臻成熟。比如，10—14岁是呼吸系统功能快速增长的时期，肺活量显著增加，造血功能增强，肌肉功能发达。当然，这个阶段除了一些生理上的变化，还有思维认知、心理情绪等其他方面的变化，我们在之后的章节中会接着讨论。

尽管现在的你们已经了解了青春期的生理变化机制，但是相信你们在生活中还会遇到很多问题。

如果你是男生，你或许会有这样的疑惑：

"怎么其他同学都有变声,我怎么还没有变?"

"班上的男生女生都长高了,我怎么还不长个?"

"为什么只有我身上散发着奇怪味道?"

如果你是女生,你或许会有这样的想法:

"我要把卫生巾藏好,免得被人看见。"

"我的脸上开始长痘痘,实在难以见人了!"

"我的胸部开始发生变化了,是不是要穿小背心了?"

以上只是列举了一些常见的困惑或想法,这些都很常见。要知道这些困惑的背后正是我们之前所说的青春期的生理变化。不管你们是已经发觉了自身变化,还是正在目睹周围的同学发生变化,你们需要知道的是每个人发育的起始时间和发展速度是不一样的。所以大部分情况下,你们不用特别担心自己太早或太晚经历这些。

小贴士

怎么算异常？

从科学的角度来看，男生或女生的发育时间提前或落后 1 年，往往属于正常情况；提前或落后 2 年以内，属于偏早或偏晚；提前或落后 2 年以上，就存在青春期发育异常的情况，往往需要药物的干预。

总而言之，男生和女生的发育时间因个体而异。随着饮食结构的变化，有些人可能会比上述年龄早熟，而有些人可能会晚熟。这些时间范围只是一般参考，而非绝对准确。如果有关于发育问题的担忧，建议咨询医生或专业的医疗机构，以获得更详细和个性化的建议。

看不见的变化：青春期的大脑发育

如果前文描述的是我们身体上切切实实可以看得见的变化，那么与此同时，还有一些身体上的变化是我们看不见的。青春期的你们是不是感觉自己更成熟了，开始思考更深刻的问题并规划起未来了？青春期的你们是不是又会在特定的时候发现自己容易冲动上头，说一些连自己也没有想到会说的话？

或许你们自己都不知道，在青春期，我们的大脑也正在经历一场悄然无声的"革命"，而这场变革也与青春期的行为表现紧密相关。希望你在读完这部分内容后，可以更了解大脑的结构与变化，也能从科学的角度更理解自己。

大脑的结构

在 20 世纪以前,人们对大脑的理解还非常有限。大家普遍认为大脑的发育只发生在婴儿和童年早期,过了这个时间,人脑便被固定下来并不再发展。随着 21 世纪脑科学研究的突飞猛进,研究人员发现大脑不仅在持续发展和变化,其发育的速度在一些时期甚至会显著高于另一些时期。

研究人员将人类生命周期中大脑高速发展的时期称为大脑发展的"黄金时期"。这个时期通常是出生后的头几年和青春期,在这段时间里,大脑会经历一系列的结构和功能的变化和调整,而这些变化对于个体的认知、情感和行为发展都具有重要的影响。想要具体了解青少年时期的大脑是如何变化的,以及对我们具体有什么样的影响,我们首先需要知道大脑是如何构成的。

从微观上来说,大脑是由数百亿个神经元组成的,而每个神经元都与大脑中的其他神经元相互联系,形成了一个极其复杂的神经网络,支持了人类的各种认知和行为能力。神经元又由细胞体、树突、轴突和突触等部分组成。

树突是神经元的分支,负责接收来自其他神经元的信息;**轴突**是神经元的长且细的突起,负责将神经信号传递到其他神经元或肌肉或腺体组织;**突触**是神经元之间的连接点,通过释放化学物质来向其他的神经元传递信息。而这种在神经系统中用来传递信息的化学物质叫作**神经递质**，我们常说的多巴胺就是一种神经递质。如此，神经元和神经元相互连接形成神经网络，而神经网络就像是指挥官一样指导着人们的行为。

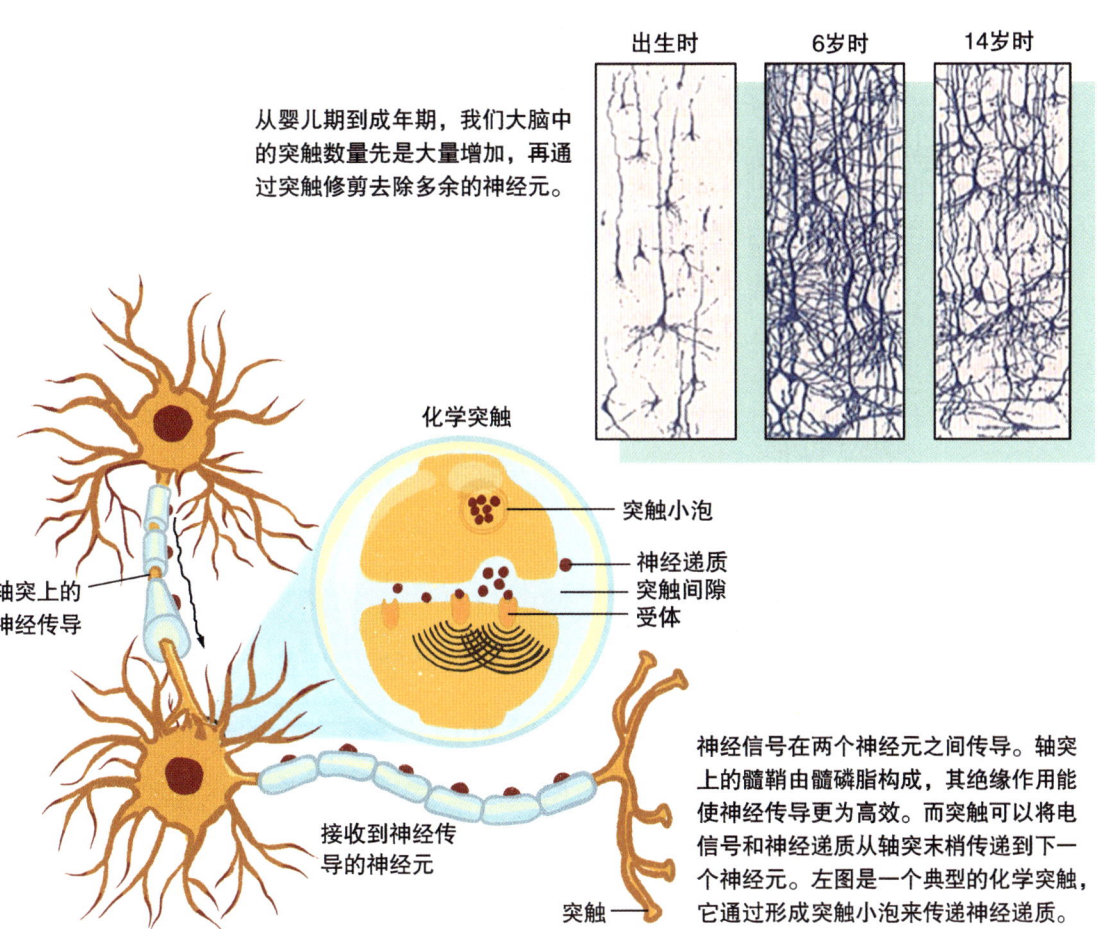

从婴儿期到成年期，我们大脑中的突触数量先是大量增加，再通过突触修剪去除多余的神经元。

神经信号在两个神经元之间传导。轴突上的髓鞘由髓磷脂构成，其绝缘作用能使神经传导更为高效。而突触可以将电信号和神经递质从轴突末梢传递到下一个神经元。左图是一个典型的化学突触，它通过形成突触小泡来传递神经递质。

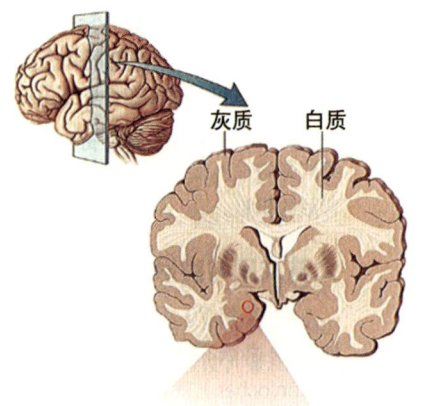

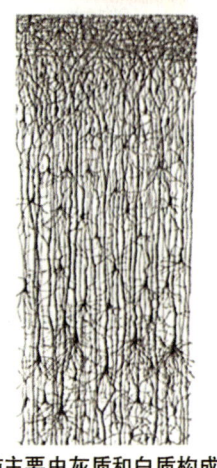

大脑主要由灰质和白质构成，上图为灰质的内部结构，共分为六层，分布着不同种类的神经细胞。

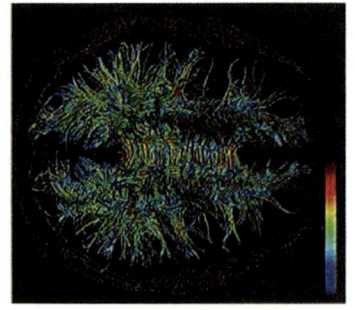

通过弥散张量成像（DTI）观察大脑内部白质中的纤维束。

如果我们对大脑的横切面进行观察，我们会看到颜色深浅不同的两层。它们并非什么新奇的物质，而是上述神经元不同部分的集合。

其中外层偏灰的部分叫**灰质**，也就是我们常说的大脑皮层。灰质主要由上面提到的神经元细胞体和突触组成，呈灰色。而灰质的厚度和密度与大脑的认知和行为功能密切相关。

大脑内层偏白的部分就叫**白质**。白质由神经元的轴突和支持神经元的胶质细胞组成，它被灰质包裹在大脑的深层，承担了信号传导的功能。白质主要负责将大脑不同区域的信息连接起来，使大脑各部分能够互相通信和协调。

髓鞘是包裹在轴突表面的磷脂构成的外膜，它就像高压电缆表面的绝缘材料一样，可以防止"漏电"，让神经信号在神经元之间高效地传导。

灰质和白质在大脑中各司其职，共同构成了一个复杂的神经网络，控制和调节着各种生理和心理功能。

从结构上来说，大脑虽然看上去是一个整体，但整个大脑皮层可以被脑沟分为额叶、顶叶、枕叶和颞叶这几个不同的区域，并承担着不同的功能。

例如，**前额叶**主要负责决策和计划，**顶叶**主要负责视觉信息处理，**枕叶**主要负责视觉的处理和分析，**颞叶**主要负责听觉信息处理和记忆等。而大脑皮质下结构包括海马体、杏仁核、下丘脑、基底节和丘脑等，这些结构与情感、记忆和行为调节等方面密切相关。不过人类的行为非常复杂，很多时候一个动作或者情绪的产生来自多个大脑区域之间的协同作用。

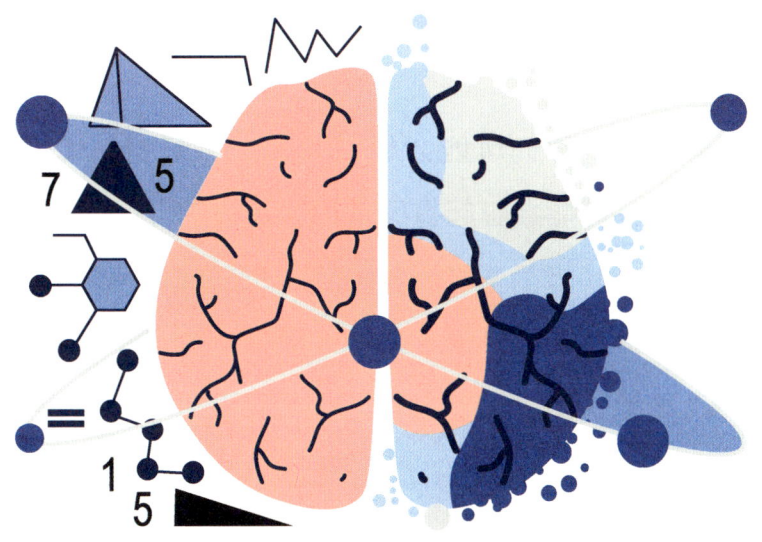

看到这里，你们也许会觉得知识量有点多，但是不用担心，现在正是你们的思考力深入和理解力骤升的时候。**不要被这些术语名词吓倒，不要预设自己的理解力**，接着读下去，你们就会发现这一切其实并没有那么复杂。

简单来说，你们需要知道的就是：大脑是神经系统中的重要器官；大脑可以被划分为不同的区域，并且每个区域有着不同的功能；大脑中不同区域内的神经元会分泌不同的神经递质，来指导人的各种行为。而随着年龄的增长，不同区域内神经网络的形态和其所分泌的神经递质的含量都会发生剧烈变化，反映出来就是青少年的行为也会随之发生变化。那么接下来我们就结合实际，具体来看一看青少年的学习生活是如何受到大脑变化影响的。

大脑变化对我有什么影响？

能记住的东西变多了？

回想小学，你们可能会想起课堂上每隔10—15分钟就有小活动，也可能会想起有同学因为上课开小差而被老师提醒，又或者是晚饭后需要花半个多小时才能背诵一篇课文。其实小学课堂的活动设置以及老师的随时提醒，恰恰是因为儿童的注意力一般只能维持15分钟左右，所以老师需要用各种方式抓住学生们的注意力。而到了青春期，哪怕有些学习内容并不完全符合你的兴趣，但你往往也能够在课堂中保持更长时间的专注。同时，随着年级的升高，同样的时间里你能记住的课文内容也更多了。

这些变化其实就是因为我们的注意力和记忆力在发生变化。而这些变化正是青少年的大脑发育的结果。

首先，在青少年时期，大脑白质和髓鞘化程度会随着年龄的增长而增加，这可以提高神经元之间信息的传导速度，从而促进个体对信息的处理能力和对注意力的控制能力的发展。研究表明，青少年的前额叶皮层和相关神经网络在注意力控制中发挥着重要作用。这些区域参与了注意力的选择、维持、抑制、控制等过程，这些区域的发展能够帮助你们更好地集中注意力和控制注意力。其次，大脑中的前额叶、顶

叶和颞叶等区域也会在青少年时期逐渐发展和成熟，这些区域与注意力、工作记忆和认知控制等相关。相比于儿童时期，大脑内这些区域的神经元和神经网络结构已经形成和重组，因此在一些记忆任务中，你们现在的表现会更好。

随着年龄的增长，你们的语言理解能力也会逐渐提高，这也有助于提高记忆的表现水平。这些大脑区域的变化呈现出来的表现就是我们的注意力水平和记忆的广度都在青春期时显著提高。

理解知识变快了？

从小学进入初中再到高中，你们可能也会感受到学科的内容变得越来越难了。但是这个"难"的背后到底意味着什么呢？

相较于以前，"难"是因为学科里的抽象概念越来越多了，需要花更多精力理解了，如科学原理、数学公式等；"难"也是因为学科对学生的要求越来越高了，除了记忆以外，老师可能还会要求学生做一些解释、对比和分类的任务。同时，面对老师的授课或是讲解，有一些同学甚至会提出自己的质疑，要知道，这在小学时可是较少发生的。而这些学科上的变化，以及同学们学习行为上的变化，都指向了青少年思维能力的显著提高。

思维能力的提高，也得益于青春期大脑结构和功能的变化，特别是在前青春期和青春期早期时，大脑前额叶灰质的减少。研究人员表示，青少年时期大脑前额叶灰质的减少反映了神经元突触修剪的过程，即未使用的神经元之间的连接逐渐消失。

在20世纪70年代，芝加哥大学的神经学家彼得·哈滕洛赫尔发现了青少年大脑中的突触修剪现象。研究发现，在0—2岁时，大脑中突触的密度急剧增加，之后在2—16岁逐渐减少，最终突触的密度减少约40%。

大量不常用的突触被去除，留下更有效率的突触，有利于大脑中更高效的联通网络的形成。而发生在大脑前额叶的突触修剪过程中，只有那些重要的神经元连接被保留了，从而提高了大脑的逻辑性和思维能力。大脑的这种特点也被研究人员称为神经可塑性。

我们的大脑是不是很神奇？了解这么多关于大脑的变化和发育过程，一方面可以更好地理解自己的行为；另一方面我们也要相信大脑是在不断发展的，在学习和生活中不要急着为自己设限，要相信自己还有无限可能。

小贴士

"大脑保卫战"

大脑作为人体最早发育的器官之一，青春期正是它蓬勃发展的时候。虽然其体积在青春期后不会发生太大的变化，但大脑内部结构却不是一成不变的，并且大脑结构和功能的重要变化会一直持续到早期成年期。你还需要了解并重视的是大脑发育的过程可以受到各种因素的影响，包括环境、经验和行为。下面是一些帮助我们的大脑持续健康发育的小建议：

- **不要熬夜！** 之前我们说到大脑的快速反应得益于神经突触修剪的过程。但是这个过程同时也会受外界环境的影响，其中一个关键因素就是睡眠习惯。如果你不让大脑内的"修理工们"好好休息，它们怎么会好好工作呢？如果它们不好好工作，那肯定就会影响大脑的发育，应该有的学习能力也就得不到发展了。

- **健康饮食！** 对于拥有零花钱的同学来说，购买零食可能是一件很难拒绝的事情。但是你要知道过量或过度食用油炸等不健康食品不仅会让当下的大脑发育缓慢，还会影响到未来哦。有研究表明，如果在儿童时期经常将食物用作奖励或食用过量甜食，我们进入成年后则会表现出更差的自控力和更多的冲动行为。

- **拒绝烟酒！** 因为香烟中的尼古丁和酒精可能会导致大脑结构和功能的异常发展，表现为记忆力、视觉空间能力、注意力和执行能力降低等。

两个调皮小伙伴：
小痘痘和小肉肉

小痘痘是皮肤上的一个小家伙，总是不合时宜地出现。它喜欢在最重要的日子登场，比如派对或者照相日。它有点淘气，还会在不经意间出现，然后闹得沸沸扬扬。小痘痘是一个情绪化的小家伙，有时它会红红火火地跳跃，有时又变得黯淡无光，也会因为我们的饮食、睡眠不足，或者是在我们感到压力的时候出现。虽然小痘痘可能让我们感到困扰，对我们的外貌和自信心有不小的影响，但有时候它也提醒着我们要更关心自己的皮肤健康。

> 啊！我这脸上长了一颗大痘！

> 完了完了，我感觉我又胖了。

小肉肉是青春期另一个时常造访的小伙伴。也不知它从哪里冒出来，它有时候可能一夜之间就出现了。它有点调皮，喜欢藏在我们的衣服里或者突然出现在镜子里。小肉肉很喜欢和我们一起品尝零食和甜点，享受起美食来简直停不下来。它也喜欢在我们情绪低落或者有压力的时候出现，似乎在提醒我们用美食来安慰自己。虽然小肉肉也会让我们感到困扰，但有时候它也提醒我们要更关注自己的饮食和生活方式。

正在阅读的你们是不是也经常遇到这两个调皮的小伙伴呢？下面就让我们一起来看一看它们的真面目吧。

如何对待"小痘痘"

大部分同学都逃不掉"青春痘"的魔咒，它其实是一种常见的皮肤慢性炎症，医学上称作痤疮。它的形成主要与油脂分泌过多、毛囊堵塞和细菌感染等因素有关。进入青春期后，人体内的激素水平会迅速升高，这会促进皮脂腺发育并产生大量皮脂，而这种过多的皮脂分泌可能导致毛囊口被堵塞；当毛囊口被堵塞时，油脂就会在毛囊中积聚，形成所谓的粉刺。如果毛囊口封闭的情况持续，那么下面的细菌也可能开始繁殖。

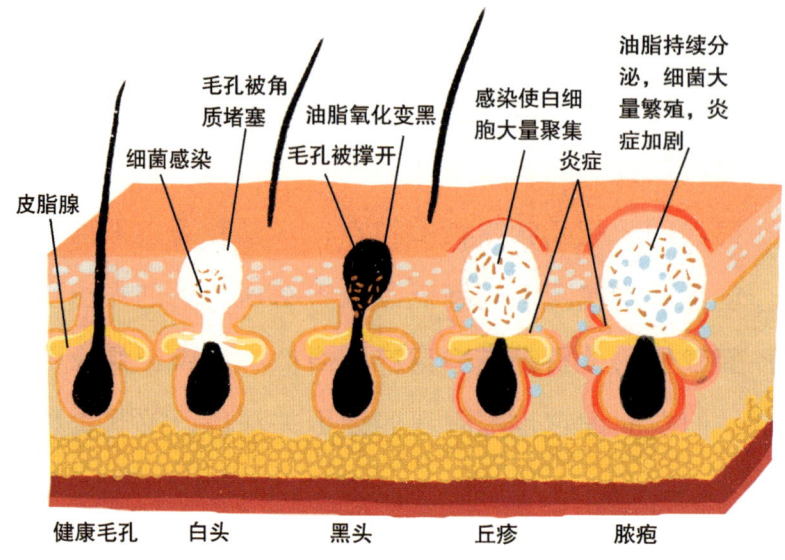

青春痘中常见的一种细菌叫作痤疮丙酸杆菌。当毛囊口被堵塞并且有细菌存在时,炎症反应可能因此而发生。皮肤周围的血管也会进一步扩张,导致痘痘变得红肿,并可能出现脓液。这就是有些青春痘会变得红肿和产生疼痛的原因。

面部痤疮有很多种类型,临床特征多表现为粉刺、丘疹、脓疱、结节等。严重的痤疮还会化脓,因此面部痤疮需要及时治疗。临床上,患者可能需要采用一系列的外用和作用于全身的系统药物,通过减少皮脂腺分泌,减少粉刺形成,控制炎症和抗菌,调节上皮角化来改善痤疮。

皮脂腺过度分泌油脂是痤疮形成的关键环节之一，它与个体先天遗传因素有关，也与睡眠、休息、压力和情绪有关。如果你们想要提早预防痤疮，在以下几方面应该多加注意：

1. 卫生方面：切记不要挤压痘痘。因为我们手上藏有很多看不见的细菌，而在清洁不到位的情况下，挤痘痘可能会导致细菌感染和炎症加重。同时，为了保持皮肤的清洁，可以早晚使用温和的洗面奶等洁面产品，但也不要过度清洁，因为这可能会导致皮肤过度干燥，刺激更多的皮脂分泌。

2. 饮食方面：研究显示，少吃糖和精制碳水化合物（如蛋糕、巧克力、含糖饮料等）会对痤疮的缓解有所帮助；也有研究表明，乳制品的食用量与痤疮严重程度呈正相关，因为牛奶中含有乳清蛋白和激素，所以限制牛奶的摄入对减缓痤疮的发生也有一定的效果。

3. 生活方面：要保证足够的睡眠时间；烟、酒和浓茶都可能加重痤疮症状；太冷、太热、太潮湿的环境也不利于痤疮的防治。

4. 精神、心理因素很重要：如果患了痤疮，心态不要

悲观，要乐观自信，坚持积极、合理的治疗。

在青春期阶段，不健康的生活、饮食等习惯可能导致痘痘反复生长，影响我们面部的美观，有时候还会引发自卑心理，我们只有正确认识青春痘的成因，才能更好地"战痘到底"。需要特别注意的是，护肤品对痤疮只起到辅助护理作用，痤疮是一种常见的皮肤病，患了痤疮应该去正规医院的皮肤科进行治疗。

如何看待"小肉肉"

青少年时期是身体生长和发育的重要阶段，适度的体重增长是正常的，也是必要的。因为生长发育期需要足够的营养，而适度的体重增长不仅可以确保身体在这一重要阶段得到所需的养分，还可以帮助青少年增强体质，提高身体的耐力和免疫力，从而更好地应对日常生活和预防可能的疾病。但是，如果体重快速增长或者过度增长就需要引起我们的注意了，因为这可能导致肥胖或标志着其他健康问题

的出现。

　　根据世界卫生组织（WHO）的数据，青少年肥胖症已成为全世界很多国家和地区最为常见的慢性儿童疾病，给青少年的身体健康带来了较大危害，而且青少年肥胖症的比例呈现上升的趋势。肥胖多发于7—18岁的青少年，容易伴随焦虑、自卑等心理问题，同时也是导致成年后肥胖、糖尿病、心血管疾病及其他代谢性疾病和肿瘤发生的潜在危险因素。医学意义上的肥胖是以身体质量指数（BMI）、内脏脂肪、腰围或腰臀比等标准来界定的。BMI是界定青少年肥胖症的重要指标，它是一个人的体重（单位：千克）与身高（单位：米）的平方的比值。

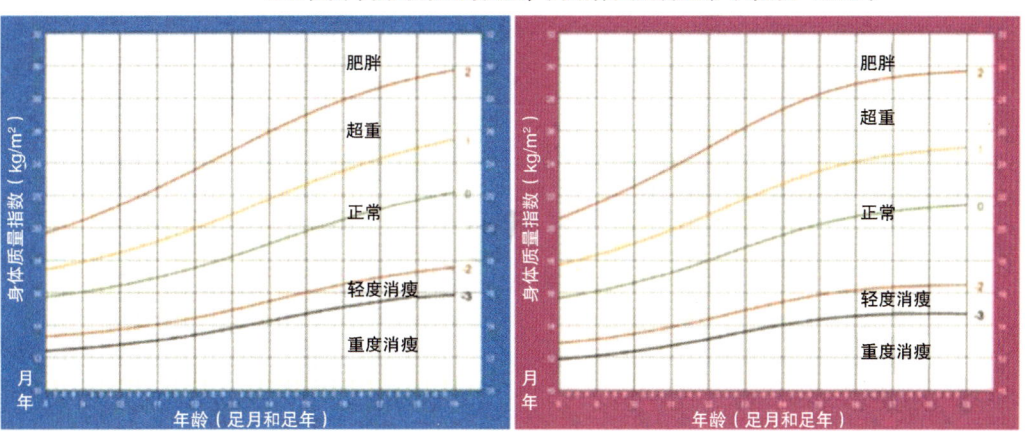

5—19岁男孩（左）和女孩（右）的BMI—年龄对应图。我们可以根据自己的BMI在图中找到对应的位置，判断体重是否正常（来源：WHO）

BMI= 体重（kg）/身高（m^2）

青少年肥胖症的常见原因：

1. **遗传因素**。父母是否超重或肥胖，会从肥胖相关基因的携带、生活环境等方面影响子女的肥胖易感性以及肥胖相关并发症的发生。

2. **饮食因素**。在生活中，有些青少年的控制能力较弱，喜欢食用口感较好的食物，如肉类、甜点、饮料、油炸食品等高糖或高热量食物。当机体摄入的热量高于日常消耗的热量时，多余的热量就会转化为脂肪在体内储存。

3. **心理因素**。家庭与学校生活中的压力、同伴关系等因素都会使青少年特别是女生的 BMI 增加。研究表明，长期慢性社会心理压力会导致机体生理机能失调。比如，皮质醇分泌增加导致代谢紊乱，使大脑产生需要摄食的信号等。同时，青少年尚未形成稳定健全的人格系统，较成年人容易出现情绪不稳定和冲动的行为，如果再通过过度饮食来排解负面情绪，会进一步加剧肥胖。

4. **睡眠因素**。作息不规律也会影响体型。研究表明，睡眠时间不足的未成年人，比其他同龄人的肥胖风险更高。

5. **运动因素**。随着社会发展及生活方式的改变，越来越多的静态生活使青少年的热量消耗降低，也增加了零食摄入的时间和机会。另外，青少年高强度的学业负担，会使家长忽视体育锻炼的重要性，导致青少年肥胖症的产生。

我们应该如何避免过多的"小肉肉"呢？最有效的措施是长期进行有氧运动，如长距离慢跑、骑自行车、游泳、跳绳、跳健身操等。坚持有氧运动能够有效消耗掉体内多余的热量，并且还能够降低血糖和未来并发糖尿病的风险。专家指出，预防青少年肥胖症，应严格控制零食摄入，尤其是含糖类较高的零食以及碳酸饮料；应控制碳水化合物中高血糖指数食物的摄入；适当增加膳食纤维的摄入量；等等。

以科学健康的方式看待

总之，青春期的青春痘和适度的体重增长是正常的生理变化。我们不可避免地会受到这两位小伙伴的影响，但是每个人都会在这个阶段经历这些变化，而且它们并不是决定我们价值的唯一因素。当然，我们也会受到社会标准和媒体的影响，但我们要相信，每个人都是独一无二的。你无须追求完美无瑕的外表，更无须盲目地追求瘦身。

对我们来说，最重要的是保持健康的生活方式，培养积极的心态，学会以科学和健康的方式看待这些生理变化。

小贴士

还是担心怎么办？

如果你实在担心自己的身体情况，定期体检是及时发现健康隐患的关键。青少年常规体检项目包括血常规、尿常规、肝肾功能、甲状腺功能、心电图，特殊体检项目包括内分泌激素、性腺超声、骨龄、口腔筛查、视功能筛查。对于已经出现的问题，要去对应的内分泌、眼科、口腔科等专科检查，之后可能还需要每3—6个月进行一次复查，这样才能及时治疗并予以纠正。

02
第二站

青春期，认识你自己

青春期=叛逆期?

青春期是个特别时期,在这段时间,身体和心理都会经历很多变化。比如我们会开始追求独立和责任,确立自己的身份,跟朋友玩得更多,有时朋友的意见似乎比父母的更重要。这时候,父母可能就会有点担心,觉得我们变得不听话了,进而产生了一些"摩擦"。不少父母还会认为,这些行为上的变化是叛逆的表现。那么大家口中的"叛逆期"是不是属实呢?

叛逆期理论和青春期危机

虽然"青春期"这个词在 15 世纪就出现了,但对于青春期的科学心理学研究是在 20 世纪早期才开始的。当时,美国心理学会的首任主席斯坦利·霍尔发表了第一本关于青春期的专著。他认为,青春期是个特别时期,会带来强烈的个人危机,情感生活也会变得不稳定,充满了矛盾的激情,人还可能经历情绪的波动和叛逆的状态。这些观点可谓影响深远,长时间主导了人们对青春期的理解。

在整个 20 世纪,一些重要的理论也支持了这种观点,认为进入成年期一定要经历一段危机时期,其中"困惑"和"对抗"是主要特征。比如,在西方早期的精神分析学中,青春期被认为是一个巨大的心理障碍时期,伴随着各种问题的出现。随着第二性征的出现,童年时期建立的心理平衡可能会被打破,进而出现焦虑、内疚、对抗、敌对和叛逆行为等问题。如果这些情绪和表现出现在非青春期的其他生活阶段里,它们可能会被视为有问题,甚至是精神疾病的迹象。

另一位专注于研究儿童思考和学习过程的瑞士心理学家皮亚杰也认为青春期是一段发生断裂和叛逆的时期。但不同于之前的观点,皮亚杰认为这些现象与第二性征出现等生理原因或情绪原因无关，而是智力和认知发展的结果。皮亚杰在对人从出生到成年的思维发展研究后指出：随着青春期的到来，新的思维模式首次出现。例如，不受具体现实的影响去思考抽象现实的可能性——正义感、世界和平或人类未来的概念等。这个阶段的特征还在于能够结合思想要素设想新的现实，或一个与现实不同的世界。对于皮亚杰来说，**形式思维的获得是青春期危机的核心**，因为正是这些思考现实和表现自己的新方式使青少年能够认为自己与成年人处于平等地位，并开始挑战成年人的权威。

青春期的重要问题:"我是谁?"

在那些 20 世纪有影响的青春期研究理论家中,还有一位赫赫有名的心理学家不得不提,他便是致力于研究人类成长和发展过程的埃里克森。他提出了"心理社会发展阶段"的理论。

这个理论描绘了我们一生中会经历八个不同的发展阶段,每个阶段都有它独特的任务和挑战。他认为对青少年来说,"我是谁?"是一个非常重要的问题。而对这个问题的应答可以涉及多个方面,如时间、行为、性、个人价值观,还有和权威的关系,等等。

当我们对自己有一个明确的认识时,我们就知道自己喜欢什么,不喜欢什么,有什么梦想和目标。这样,我们在面对不同的情况时,就能更好地做出决策和选择,也就是实现了埃里克森所说的"自我统一"。当然,在尝试的过程中,我们肯定也会遇到困惑和不解,也会碰壁或经历冲突,所以"我是谁?"这个问题有时候会以强烈甚至是令人痛苦的方式出现。根据埃里克森的观点,在父母控制之外、与不同形式的权威对抗、获得朋友的认可,这将使年轻人能够开始新的(成人)角色并实现自我统一。

被夸大的"危机"并不可怕

之前我们提到了一些心理学专家的观点,他们都觉得每一个人在长大成人之前会经历一段叫作"危机和叛逆时期"的阶段,在这个阶段里我们会感到困惑、有点反叛,还可能跟权威人物对着干。但是这些行为到底会不会产生严重的后果,以及是不是每个人都会经历同样的危机呢?全世界的学者们一直都没有停止过探究,也有一些学者在采访了世界各地的青少年后得到了不同的结论。

1966年,美国进行了一项超级大规模的研究,有3000多名来自美国不同州的青少年参加。他们每个人都接受了个人访谈,被问及了很多问题:和父母的关系、友谊、价值观、与权威的关系,还有未来的人生计划,等等。结果令人惊讶!因为研究发现,整体的结果和那时候的主流观点完全不一样。

那时候大家认为青春期是一个充满情感危机和对成年人权威进行反叛的时期。但实际上,研究发现,青少年与父母发生公开冲突的情况很少见。而且朋友群对于他们来说更像一个快乐的地方,大家在那里建立友谊和社会关系,而不是寻找解脱或者质疑成年人。

这项研究的作者因此得出了非常明确的结论，他们认为，青春期的特征并不是情感障碍、焦虑或者敌对心态。整体上来看，除了极少数的男孩子有一些社会异常行为外，当时的青少年对生活感到幸福。

在世界的另一端，德裔心理学家丹尼尔奥也在与青少年进行类似的对话。从1975年开始的8年时间里，他和团队持续跟踪调查了80名14到22岁的男孩。每年他们都会和这些年轻人面谈，了解他们的生活和感受，还做了一些有趣的测试。同时，他们也和这些青少年的家长和老师交流。

虽然所有参加研究的青少年都反映在学校生活、与父母和同龄朋友的关系中经历过困难和压力，但发生严重危机的情况很罕见。以前很多人认为"在动荡和叛逆中成长"是青春期的正常发展形式，事实上，研究人员发现遭遇这类发展危机的青少年只占总人群的1/5，而且这个群体往往在童年时期已经经历过巨大的障碍，尤其是在跟父母和同龄人之间的关系方面。

同时，社会的发展和变迁也为当代的青少年带来了不同的价值观和生活方式。危机和叛逆也出现了不同的表现形式和发展方向。例如，现代社会对健康、学校教育、性教育等方面的关注程度较高，这可能导致青少年更加重视健康和追求知识，减少酗酒和吸烟等不良行为。而互联网和社交媒体的普及改变了青少年的社交方式和生活习惯，影响着青少年的社交行为和情感表达。虽然一方面当代青少年常常会出现焦虑或自尊低的问题，但另一方面青少年也接受了更全面的教育，对健康、性教育和社会责任都有了更多的认识，这也减少了青少年出现不良行为的可能性。

看到这里，亲爱的小伙伴，关于"青春期是否等于叛逆期"这个问题你可能也有了答案。的确，青春期是一个由许多方面变化主导的时期。在大多数情况下，这些变化引发的冲突其实是正常的，有时甚至是必要的，因为这是孩子从依赖父母的孩童状态向成年期过渡的表现。虽然大多数青少年承认碰到过问题和困难，但不至于达到危机所指的症状或造成家庭关系破裂，而且大多数青少年也都能够应对这些变化并能顺利进入其后的发展阶段。

对父母而言，虽然接受这些变化有时是痛苦和充满忧虑的，但逐步给孩子更多自主权、改变对孩子的管控模式是非常重要的。常见的情况是，经过一段困难和冲突的时期后，父母和青少年也会逐渐接受他们之间这种关系的变化，

而且并不是每个人都会遇到大问题。

所以，你们不用太担心，勇敢面对生活中的挑战，你们一定能变得更强大和更成熟！

埃里克森的社会心理发展理论

埃里克森的社会心理发展理论其实是将正常人的一生，从婴儿期到成人晚期，分为8个发展阶段。除了之前说的青春期有青春期的阶段任务以外，其实在其他的7个阶段里，每个人也都面临不同的挑战。

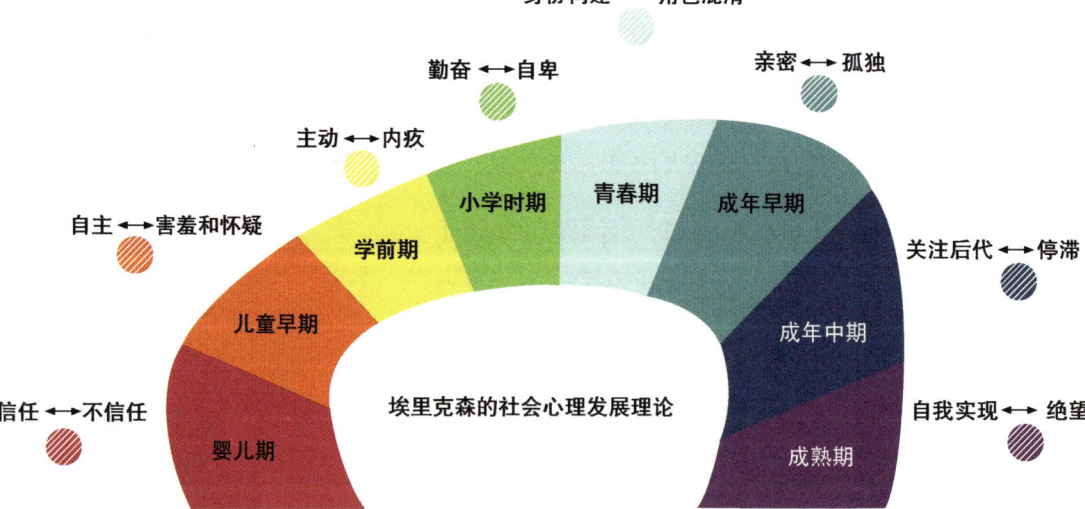

做自己人生的知己

你们知道吗？每个人在青春期都会有一些烦恼，有时候会觉得自己不够漂亮，或者在某些方面不如别人。其实，学校就像一片大树林，每棵树上都有一个树洞，里面藏着小伙伴们的心思。看来烦恼在青春期真的是多如牛毛啊！那我们要从哪里真正找到解决问题的突破口呢？

接受自己，建立自尊

解决青春期问题的关键是从认识真正的自己开始。而认识自己往往从认识自己的身体开始。也许，我们总是会从镜子里看到自己不满意的地方：为什么自己不像超级模特一样苗条，为什么长不高，为什么脸上的痘痘让别人取笑……这些对自己身体的看法，其实都是自我认识的一部分。你们是否也曾对自己的身体感到烦恼呢？当别人拿你开玩笑时，你心里是不是感到刺痛和沮丧呢？为什么会有这样的烦恼呢？

你们的学校里是否有一些时尚先锋，是否让你们觉得自己不够酷，甚至会让你们试着减肥来追赶他们？你们和朋友们眼中的美和时尚，可能都受到学校里的时尚标杆或者巨星偶像们的影响。当你们发现自己的身体无法完全符合流行美的标准时，就开始否定自己，各种烦恼也随之而来。

获得诺贝尔和平奖的人和治疗疾病的医生并不是超级模特。你长得不像超级模特，那也没什么，不要追求不切实际的美丽……类似的歌词似乎在提醒我们，我们并不需要完美无瑕，而是要接受并喜欢真实的自己。

如果你们试着去了解自己的身体，接受自己的身体，你会慢慢喜欢并接受本来的自己，即使镜子里的你们不像电视或杂志上的偶像那么"理想"。当你们尊重和爱惜自己，积极地、合理地改变自己的身体，大人和其他孩子也会尊重你。

对外貌保持健康的态度还会让你们更加注重成长的其他方面，比如结交好友、热爱学习、注重内心修养等。

自尊并不是一下子就形成的，也不是固定不变的。爸爸妈妈对我们的关爱从婴儿时期就开始了，他们在塑造我们的自尊方面担任了重要角色。随着我们的日渐成长，有更多的人会加入我们的生活中，比如老师、教练、同学，他们都会影响我们对自己的看法。

这些或好或坏的经历会让人逐渐形成对自己价值的判断，改变人的性格和处事态度。我们会自然而然地为自己的所作所为感到骄傲；我们会更相信自己，甚至是在失败的时候；我们会看到自己的优秀品质，相信自己足够强大而无须夸耀自己的功绩，勇于承认自己的错误；我们时时带着良好感觉，觉得被喜欢、被爱、被尊重。这时，我们真正建立起了自尊！

自尊有多重要？

嗯，这可是个重要的话题！你们也许会问，自尊和自信难道不是一回事吗？提出《自信心量表》的美国心理学家罗森伯格可以解答你的疑问：自信是指相信自己能迎接挑战并成功地克服障碍，更概括地说，是相信自己能够根据内心愿望而使事情成功；而自尊除了自信，还包含自爱、自我接受，包含处事的姿态和对别人尊重自己的认知。

尊重自己的外表只是"自尊之树"上的一个小枝丫，一个人的自尊还包含很多方面。著名心理治疗师纳撒尼尔·布兰登博士曾说，一个人在青春期相信自己有能力思考、学习并做出合适的选择，相信自己能够应对人生的各种挑战，比如交到好朋友、实现某个目标，并从中收获爱、满足感、成就感和幸福感，所有这些关于自我的感知都是"自尊"。

有了自尊，你们会更相信自己，即使在失败时也能维护自己的感受，不会被别

人的批评打倒。它还能帮助你们做出更好的选择，选择适合自己的事物而不盲目跟风。

每一个人都会有自尊，自尊究竟有多重要？它能让你们抬头挺胸，让你们为自己能做到某件事情而感到骄傲——即使你们做得并不是特别出色。当你们犯了错，自尊会促使你们维护自己的感受，不至于被别人的批评打倒。不仅如此，恰当的自尊能帮助你们做出更好的选择。比如，相比长跑，你们觉得自己更擅长网球，那就会选择加入学校的网球队而不是田径队。而假如你们认为自己很重要，很有主见，那么你们就不会跟风附和或是模仿别人做危险的事情。

尽管受到许多干扰，只要认清了自己的能力，相信自己最终能够接受自己，并从了解自我中获得幸福感，这就是一个建立自尊的过程。

当自尊被扭曲的时候，人会变得很爱面子，容易虚荣，或是用过激的行动来让别人认同自己，例如用暴力来证明自己的强悍；当自尊过度膨胀时，拥有它的人认为自己是如此重要和特别，他们会以自己的想法为中心，但很多想法往往毫无事实根据；当自尊被滥用时，有的人会有过强的自我保护意识，甚至为保护自我形象尝试归罪于他人；当自尊低下时，有的人会产生对批评的敏感，产生面对错误的悲观，产生嫉妒，还有人会错误判断一些行为带来的伤害，而沉溺于容易上瘾的生活以及其他的冒险行为。因此，需要时时审视自己的自尊，让它保持积极健康。

积极自尊的神奇之处！

积极健康的自尊会影响你们的感受，甚至会影响你们的幸福感。它就像"自尊之树"上的葱茏绿叶，吸取养分让你们茁壮成长。不仅如此，它还是马斯洛需求层次理论中重要的一层。相信自己有能力思考、学习并做出合适的选择，相信自己能够应对人生的各种挑战，这些都是自尊的体现。所以，积极自尊的神奇之处，就在于它能让你们更加幸福、更加自信，成为更好的自己！

每个人都是独一无二的，相信青春期的自己能够做出最好的选择。活出最真实的自己，你们将变得更强大！

小贴士

提高自尊的方法

1. 积极认可和肯定自己：学会欣赏自己的优点和成就，不过度自我贬低，给予自己正面的评价和认可。

2. 培养解决问题的能力：学会应对挑战和问题，寻找解决方法，从而增强自信心。

3. 支持自我表达：学会表达自己的观点和感受，不要害怕发声，让自己的声音被听到和尊重。

4. 建立目标和规划：设立明确的目标，并制订实现这些目标的计划，每次达成目标都会增强自信心。

5. 建立积极的同伴关系：建立良好的同伴关系，与支持你的朋友一起相互尊重和支持，让自己处在积极的社交环境中。

这五条方法有助于树立积极的自我形象，增强自尊心，并让你们在成长过程中更加坚定、自信、乐观地面对生活中的各种挑战。

无来由的自卑感，如何克服

小睿14岁的时候，非常瘦弱，而且不喜欢运动，站在人群当中很不起眼。家里有三个小孩，排行老二的他总觉得自己被忽略了，学校里几乎所有孩子都欺负他。他虽然有一股聪明劲儿，但又有点懒，进步慢，老师们总是对他感到失望，父母也觉得他不如哥哥，弟弟也觉得他没什么了不起的。他讨厌学校报告中的每一项内容，因为他知道糟糕的成绩迎来的将会是父母和兄弟们的冷嘲热讽。他在社交方面的表现也让人失望，他看上去很滑稽，穿的衣服也不是很合身，大家都嘲笑他。

青春期的小睿讨厌这样自卑的自己，觉得这样的生活非常无望。直到有一天，小睿意识到自己必须做出勇敢的决定来掌握自己的人生。

列一份关于自己的清单

小睿意识到,他必须要接受自己,喜欢自己,尽管这样做让他觉得很受伤。他列了一张清单,上面写着他讨厌自己的一些事情,包括那些自己不能做或不擅长的事情。他写得非常具体,不是写着"我不喜欢运动"这样泛泛的内容,而是写着:

> 1. 我不能很好地接住皮球;
> 2. 我跑步的时候很快就会感到疲劳;
> 3. 我很害怕被板球击中……

最后他一共罗列了 70 个事项。这已经让小睿感到意外了,他原以为这个列表会很长。但从头到尾认真看一遍列表里的事项时,他发现有很多内容并不是非常糟糕,也不是十分重要。

从那以后,再有人批评他的时候,他就会在脑海里检查一下这个事情是否在这个列表里。如果在,那这个问题他已经意识到了,别人的批评就不会让自己受伤;如果不在,那么

他就会认为这个批评不是真的，或者说并不完全准确，这样他就可以忽略这个批评。

不管怎样，来自同学、老师以及父母的评价已经不再让他烦恼了，小睿用自我反省武装了自己。

接受每一次失败

接下来，小睿就要处理他的失败问题了。他记得曾经听说过这样一个说法："想下好国际象棋的唯一方法就是要输掉很多盘棋！"小睿也知道，每当做好一件事情时，意味着他又学会了一项新的技能。他就会感到非常愉悦，也意味着是时候继续前进了，不必再纠结于这件事情。失败对于小睿来说，意义可能更大。失败给小睿带来了宝贵的经验，这样他就不会再犯同样的错误了。失败同时也让小睿找到问题所在。**每次失败都会让他知道下一个目标应该采取不同的方法或者更加努力来取得成功**。他将这个理念运用到了运动、学习、兴趣爱好等方面，甚至包括对人亲和友善。

设定可管理的小目标

这种看待失败的方法也帮助小睿认识到，那些实现了的目标对他建立自信非常有帮助。他设定的目标可以很简单，比如说：

> 1. 用脚颠球 5 次而不仅仅是 3 次；
> 2. 每天帮别人做点事情而不期望回报；
> 3. 很好地完成并按时交物理作业……

不知不觉，小睿在运动方面的表现逐渐变好了，他也能够高质量地按时完成功课，在学校里也开始得到了一些鼓励和赞美，大家觉得他是个"非常不错的小伙子"。

实现目标，积累小进步

没用多长时间，小睿就开始感觉到自己其实还是个不错的人，并且可以掌控自己的生活了。即使他的父母和老师试图拿他来和别人做比较，他也不再这样做了。相反，他只对打败一个人感兴趣，那就是自己。每天晚上，小睿都会评估总结一下当天所做的事情，并且只问一个问题：

"我今天取得进步了吗？"

对于一些很小却很重要的目标，这个答案往往都是"是的"。有时候答案是"不一定",这也是可以接受的,因为他可以为第二天设定更加清晰的目标,并且更专注地完成这些目标。

这样日复一日,小睿实现的目标越来越多。

一年之后,小睿的睡眠质量变得非常好,身体越来越健康,在学校的竞赛中屡有获胜,成绩也越来越好。关于自己,小睿总能保持一种积极良好的态度,在学校也成了个小有名气的好小伙儿。事实上,小睿觉得自己最大的成就是让同学们喜欢上了自己,慢慢地还有人向他请教问题。他知道当你尊重别人的时候,你也真正尊重了自己。

小睿现在已经长大成人,并且组建了自己的家庭,养育了小孩,在工作上也非常成功。为了让自己越来越好,他依旧每天给自己设定小目标,也不拿自己和别人比较。他还保留了那份关于自己错误和失败之处的列表,不过现在这个列表已经很短了。

如果你觉得自己像小睿一样,那就尝试一下:

- 了解并接受自己;
- 当失败和被拒绝发生的时候,去接受它们;
- 每天设定可以实现的小目标,帮助自己成长。

这样,你会看到自己变得多么了不起!

> **小贴士**

如何区分表现型目标和学习型目标

相信大家都曾为自己设定过目标，我们可以把这些目标分成两类：表现型目标和学习型目标。这两种目标导向会对个人的学习、努力和成长产生不同的影响。阅读下列同学们可能给自己设定的目标，并感受它们的异同：

1. 我要在数学期末考试中考 A；
2. 我要在篮球比赛中获胜；
3. 我要用外语进行日常交流；
4. 我希望自己做的海报可以被张贴出来；
5. 我要按时完成作业，巩固课上所学。

上述目标中的第一条、第二条和第四条在一定程度上是通过和他人比较才能实现，而第三条和第五条似乎更加关注学生自己的成长。前一类目标被心理学家归类为表现型目标。

在这种目标的牵引下，学生会更倾向于寻求外部认可，包括取得高分、获得荣誉和赢得竞争。如果学生给自己设定的都是表现型目标，那么在面对挑战时，出现焦虑、怕输的心情便不足为奇。

学习型目标强调对学习和成长的关注。这样的目标会让学

生把进步、发展和提高作为关键词，将注意力集中在理解概念、提升知识和掌握技能上。不管结果如何，每一次挑战都是一次可以进步的机会。当然，学生在学习过程中不可避免地会同时为自己设定表现型目标和学习型目标，但重要的是能够区分这两种目标，并理解其中一种目标可以敦促自己在短期内提高表现，而另一种目标可以引导自己走向真正的成长之路。

希望大家可以：

▶ 把目标设定成技能或能力的一点点提升，从而弱化对失败的联想。

▶ 把任务当成是拓展自己能力的机会，而不是为了验证自己是否足够优秀。

▶ 把老师看作实现自己成长的资源，不要因为惧怕评判而错失指导机会。

▶ 把同伴当成学习伙伴而不是竞争对手。

▶ 把满意建立在是否取得进步，而不是把别人 PK 下去的基础上。

▶ 把错误视为学习的正常部分，并利用错误来改进自己，而不是采取自我限制的方式来为失败寻找借口。

03

第三站

青春期,我的情绪我做主

情绪也会"成长"

接下来我们要聊一个重要的话题:青春期的情绪。你们可以想象每个人的心里都有一张大大的画布,画布上画满了各种各样的颜色。有时候,画布上会有明亮快乐的颜色,比如黄色、粉红色。这时我们感觉非常开心和快乐,而我们就像在一片快乐的彩虹中漫步!但也有时候,我们会感觉有点不开心,有一些生气或者伤心,这时画布上就会呈现出阴沉暗淡的颜色,比如灰色、深绿色和黑色。

在不同的情境下,我们的心情会不断地变化,而画布上的颜色也会不停地变换。最关键的是,画布上的每一种颜色都是独特且重要的,它们帮助我们感知世界,理解自己,体验生活中的各种美好和挑战。也正是这些不同的情绪构成了我们丰富多样的情感世界,让人生更加多姿多彩。

情绪种类知多少

说到五彩的内心画布，不知道你有没有好奇过人有多少种情绪呢？其实科学家们也有着同样的好奇。20世纪60年代，美国心理学家保罗·艾克曼提出了六种基本情绪：快乐、悲伤、愤怒、恐惧、厌恶和惊奇。

在他的研究中，内在的情绪状态能够引起我们脸部的肌肉变化，产生不同的面部表情，人们通过表情传递情绪和识别他人的情绪。每一种基本情绪都会引起生理反应，比如，愤怒和恐惧常会伴随心率、血压、体温的上升。

除了基本情绪，心理学界还研究发现了一些只有灵长类动物才能体验到的情绪。它们与基本情绪一样，也伴随着生理变化，不同的是，它们出现在思考之后，并与我们如何评价自身或他人的行为有关，也与我们在面对选择和竞争时对自身的期望、社会信息的认知加工过程有关。

例如，当你轻松自如地走上舞台时，却不小心滑倒出了洋相，这样的失误会引起尴尬的情绪；又或是当你对自己的所作所为感到满意时，会产生骄傲或自豪的情绪。

情绪的"成长"

毫无疑问，我们自打出生起就已经可以本能地体验到情绪了，伴随着生理的发育，婴幼儿表达情绪的能力会越来越强。他们会先表达简单的非社会性情绪，如厌恶、开心，然后到了半岁左右，才能够表达愤怒、羞耻、焦虑等复杂的社会性情绪。而自豪、同情、内疚、尴尬等更复杂的情绪，则需要等婴幼儿到 2 岁左右才能体验到。

等到婴儿学会说话后，他们能为各种表情命名，熟练地根据他人的面部表情和动作，准确地说出他人现在正处于什么样的情绪状态中。到了 10 岁时，孩子的表情识别能力已经达到了成年人的水平，往后便一直维持这个水平，直到年老时才会有些退化。

除了刚刚提到的情绪体验、表达和理解能力，儿童在情绪调节能力上也在不断进步。刚出生的婴儿，还不具备有意识调节自身情绪的能力。婴儿感到饿或不舒服时就会不自觉地哭泣。稍大些的婴儿就会通过吸吮自己的手指来安抚自己的消极情绪。幼儿长到会走路的年龄时，便能在和父母的接触中模仿大人的情绪调节方式了。比如，如果电视机播放的声音太吵闹，幼儿可能会主动走开，回避这个让自己产生消极情绪的噪声环境。

当牙牙学语的儿童渐渐长大进入了小学后，随着生活环境的改变，接触的人越来越多，情感更加丰富，情绪调节能力也越来越强。小学高年级阶段或许就已经能意识到自己的情绪表现可能会带来各种积极或消极的后果。比如，自己冲同学发脾气时可能会惹对方哭；收到同学送给自己一个不喜欢的礼物时，如果脸上流露出不满的表情可能会让同学感到不快。于是，这个年龄段的孩子学会了忍住不发脾气，也学会用满意的笑容掩饰自己内心真实的不满情绪。

事实上，青春期的你们在情绪理解能力和情绪表达能力方面已经趋于成熟，与成年人一样，都能敏锐地从他人的面部表情、躯体姿态以及语音语调中准确判断他人的情绪。

青春期的情绪表现

尽管有了更好的情绪理解力和表达力,青春期的你是否发现自己的情绪体验似乎又变得像小孩一样起伏不定,许多强烈的情绪还会交替出现。例如,同学之间发生的拌嘴或者嬉闹好像比以前更容易让你火冒三丈;父母的提醒和叮嘱,也更容易让你不耐烦了。也不知道从什么时候开始,"真心话大冒险"这个游戏突然就在同学间流行起来了。一个个惊险的刺激和挑战,总能让人倍感兴奋。甚至在同伴们的怂恿下,有的同学还会做出一些"出格"的行为。

尽管事后这些行为也会让当事人懊恼不已,但当事人却说不清当初怎么就鬼使神差般地做了那些风险极高的事情。这是为什么呢?下面我们可以从生理、心理和社会关系这三个角度来理解青春期的情绪变化。

从**生理**的角度出发,还记得我们在之前的章节中讨论过大脑可以被划分为不同的区域并承担不同的功能吗?大脑中与思维息息相关的区域——前额叶皮质会在青春

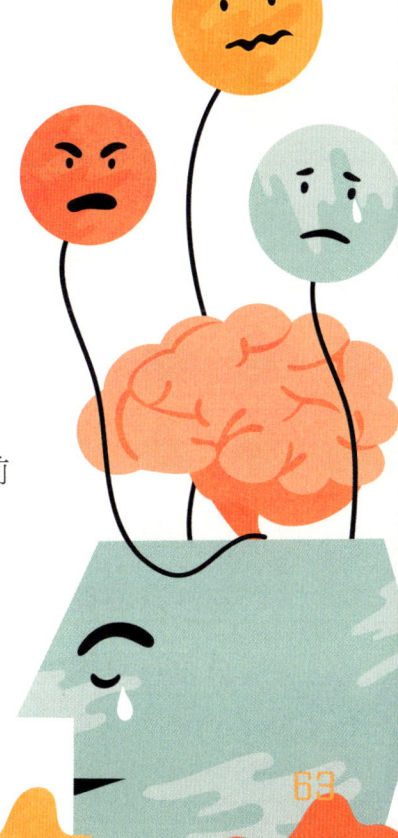

期缓慢发育，我们姑且称这个区域为"**理智脑**"。与此同时，大脑内部另一个区域却在蓬勃发展，这就是边缘系统。边缘系统位于大脑深处，在大脑皮层之下，脑干之上。这个区域包括海马体、齿状回、扣带回、杏仁核等结构，主要负责情绪的产生、记忆和内脏活动的调节。你可以简单理解这个区域为"**情绪脑**"。

神经影像学研究表明，进入青春期后，青少年大脑的边缘区域的活动会增强，如杏仁核和海马体等结构的体积会变大，这增加了青少年情感反应的强度和情绪波动的频率，但前额叶皮层的发育速度则要缓慢许多。这意味青少年"理智脑"的发展赶不上"情绪脑"的发展，所以青少年可能更难动用理智，以权衡决策潜在的风险，却更容易在情绪控制方面显得冲动，并乐于冒险。

另外，青春期体内激素与神经递质的变化也可能导致情绪"上头"。这一时期，多巴胺水平的上升，让你们更有意愿为了奖励做出更多探索性行为，并表现为情绪波动和冲动行为。

简而言之，大脑发育的不平衡和青春期期间的激素水平变化都会让青少年有"上头"的感觉。

从**心理**的角度出发，青春期学生表现出的爱激动、好发脾气，是源于自我独立意识的发展。我们之前也讨论过，寻求独立和回答"**我是谁?**"这个问题是整个青春期心理发展的核心。当你们在尝试各种活动时,不可避免地会出现不达预期的情况,你们可能会对自己的能力和价值产生怀疑;当你们在尝试了解自己的个性、兴趣和目标时,也一定会体验到内在冲突和不确定感;当你们开始思考自己的未来时,担忧和焦虑也会自然发生;当你们正在尝试用各种方式表现独立和自主,而你们的父母还没有准备好完全放手时,你们可能会感到不被理解,甚至和父母产生冲突。

所以你们在心理上的新需求也意味着你们势必会在青春期这个阶段产生与小时候不一样的情绪,继而有不一样的行为表现。如果没有训练好新的情绪表达方式或情绪管理方法,也就非常容易出现一些情绪化的行为。

从**社会关系**的角度出发,青春期的孩子们模仿和学习的对象逐渐从曾经仰望的父母,转移到周围的同龄人。大家都会将同伴视为参照群体,通过和周围人的比较来判断自己做的事情对不对。因此你们对周围同龄人的情绪非常敏感,对父母的情绪反而不像年幼时那么敏感了。

想一想,你们是不是很在意他人是否喜欢自己,是否愿意与自己做朋友;是不是一旦发现自己有被周围的小伙伴排挤在朋友群外的苗头，就会感到孤独和沮丧呢；在与朋友吵架时，体会到愤怒和伤心的感觉是不是也比小时候更强烈呢；意外发现了和自己喜欢同类歌曲的同学时，是不是会感觉到一股暖流流过心间呢？这种丰富多样的社交生活，一定程度导致了青春期少年起伏不定的情绪和心境。除了同学交往，同时发生的还有学业压力和学业要求的增加，以及来自媒体、社会的价值观和期望。这些新挑战组合在一起产生的困惑、压力会让你们感到紧张，由此引发情绪波动也就不难理解了。

所以，你们可能也会感觉到自己的情绪像坐过山车一样，一下高一下低，来势汹汹。这正是因为你们在这个时期经历着生理、心理和社会关系等方面的变化，这些因素相互交织，使得情绪产生了快速的波动。如果你们看到自己，或者身边的朋友符合这样的描述，请给自己和他人多一些理解，因为这是青春期正常的发展过程。

当然，这并不意味着我们可以把这些变化当作发脾气或行为不当的借口。我们可以通过积极的方式来应对情绪，或者找到一种爱好来释放情绪。遇到烦恼或者顾虑及时向家长、老师或学校心理辅导老师寻求建议和指导。当然也可以自己学习一些情绪调节的技巧，比如深呼吸、冥想、锻炼等。

通过健康的方式表达情感，相信你们可以更好地适应青春期的变化，成为更成熟、更自信的人。

小贴士

情绪的身体反应

你知道吗？我们的身体和情感之间存在着紧密的联系。当我们感到高兴、紧张、害怕或愤怒时，我们的身体会有不同的反应。例如，心跳可能加速，呼吸可能变快，肌肉可能绷紧，或者我们可能感到身体放松。你可以尝试观察自己的身体反应与情绪之间的关系。

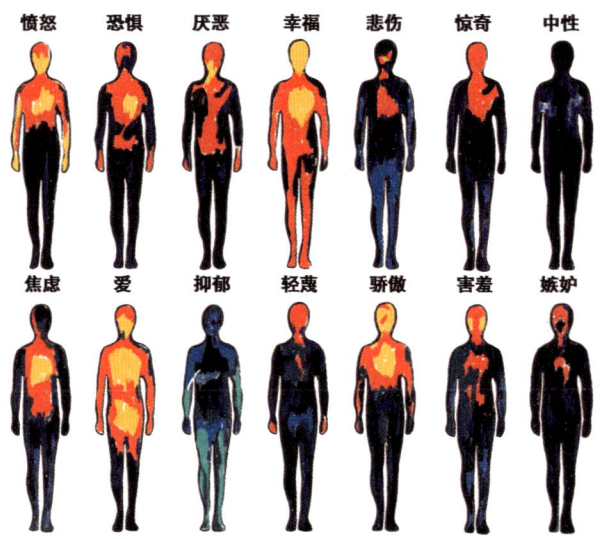

研究人员要求来自不同国家的受试者想象自己经历某一特定情绪时身体的反应，并在人体模型中标示出体内产生变化的区域，其中红色表示被激活、感觉更加灵敏，蓝色表示被抑制、感觉变得迟钝。研究人员将这些"情绪地图"汇总后发现，世界各地的人对特定的情绪有着相同的身体反应，如：人在经历愤怒时，头部和胸部会得到不同程度的激活；感到幸福时，全身都能得到激活；感到抑郁时，手臂和腿受到抑制。此后，研究人员通过"唤醒"情绪的方法重复了这个实验，得到了相同的结论。

做青春期情绪的主人

我们已经知道了情绪也会"成长",下面就让我们通过一个具体的案例来看看情绪成长的曲线图吧。

正在上七年级的某同学数学课上因做题时受到干扰而情绪失控,甚至对同学大打出手。事后班主任找到该同学,并和其家长取得了联系,了解下来得知,该同学情绪失控的情况在家里也时有发生。老师建议他和学校的心理辅导老师聊一聊,但该同学害怕见心理老师,商量下来,他接受了老师的建议,给学校心理咨询老师写了一封信,说出自己的情况。回信很快就来了。

我怎么了？

同学，你好！

　　谢谢你的来信。

　　我很高兴你能和我诉说你受到的困扰，你说到自己并非有意要与同学拳脚相向，但是不知道为什么，就是无法控制自己那一时的情绪，导致了冲动后的苦果。你更大的困扰是说这一类情绪失控的情况最近似乎频繁发生，甚至影响到你和朋友相处了。

　　你信里还说到你以前不是这样的，自己也不知道怎么回事，情绪越来越不受控制。先别急，我得先恭喜你进入青春期了。能够有意识地觉察自己的情绪，是良好的开端。这一时期的情绪体验有时候的确就像坐过山车，许多强烈但又短暂的情绪会交替出现。同龄的伙伴中也许也有一些同学进入了青春期，你不妨留心观察观察。在与朋友的吵架中，感到愤怒和伤心都是正常的。同时，你也可能因为意外发现了自己喜欢玩的游戏和另一位同龄朋友一样而感到兴奋和快乐。这种丰富多变的社交生活，是导致你起伏不定的情绪和心境的重要原因，也是青春期里正常的变化。

　　欢迎你继续和我互动。

心理老师

那既然一切都是正常的，情绪为什么会失控呢？带着这样的疑惑，该同学又将第二封信投进了学校咨询室门口的树屋信箱。周末前，他收到了心理老师的第二封回信。

我为什么会情绪失控？

同学，你好！

感谢你再次来信，谢谢你对我的信任。说到情绪失控，我们不如先来分析分析情绪失控的原因。

一方面，生理因素的激素水平在青春期会发生变化，这可能会影响你的情绪。激素水平的波动可能会导致你的情绪忽冷忽热，容易激动或沮丧。青春期是一个充满变化和挑战的阶段，困惑和压力可能也会相伴而来。学业、社交和家庭问题，这些都可能会导致情绪失控。

另外，家庭环境也有很大的影响。如果家庭氛围紧张、争吵频繁或者缺乏支持和理解，作为家庭成员的你也可能会感到沮丧和无助，从而导致情绪失控。

还有，社交圈子的变化也会导致情绪失控，面临同伴压力和排斥，情绪失控有时候就是一瞬间的冲动。

当然，每个人都是独特的，每个人的个性、兴趣和经历都不同，对情绪的控制能力也可能存在差异。有些人可能更容易情绪失控，而另一些人可能更容易控制自己的情绪。

你可以结合自己的情况，对情绪失控的场景做一个复盘，自我诊断一下，看看自己情绪失控的原因究竟是什么，然后有针对性地去做一些调节。当然，生理、心理、家庭、社交或个人因素也许会产生一种综合影响，欢迎你继续和我畅谈。

心理老师

收到回信后，该同学打算鼓起勇气，约一次心理老师，他想把自己内心的疑问一吐为快，希望可以找到解决自己情绪失控问题的钥匙。

怎么看待生气

原来，该同学的父亲是一个脾气暴躁的人，家中时常会发生争执，加之他刚从北方转学到南方，很多事情都变得不一样。有些事情他觉得没必要计较，可是父亲却会对家人生气。而有些时候，他觉得自己明明没有生气，为什么该同学会说他很容易生气。和心理老师聊过后，他直接问心理老师怎么看待生气，心理老师并没有直接把自己的观点告诉他，而是给他讲了个"战或逃"的选择。

生气是人们"战或逃"机制的一部分，让人们对危险产生警惕。神经系统被激活，心率加快，汗液增多，感觉会更加敏锐。由于感受到压力，肾上腺素的分泌同时增多。这样身体随时准备进入战斗模式。我们总认为发怒是消极情绪，不该显露。但研究发现，压抑怒气的人死亡的可能性比那些有怒气就释放出来的人高出许多。所以生气很有必要，有时甚至是有益的。

"战或逃"是人的本能

"战或逃" 反应描述了在一些可预见的危险来临时,人们身体的反应方式。这个理论于1929年由沃尔特·布拉德福特·坎农提出。该理论认为,人们对危险有着本能的反应,血液会加速流向肌肉,血压升高,肌肉紧张,使人的速度更快,力量更大,甚至连血液凝结速度都会加快。身体的这些变化使人们准备好逃离将要降临的危险,以及准备好迎接战斗。数千年前,这一点对人类的生存至关重要,它是人类与生俱来的本能。当然,如今很少有人会面临人身危险,但是本能始终在那儿,而且会被害怕或发怒激发,导致身体产生上述反应。

"战或逃"机制的另一方面是生气能帮助人们将复杂信息处理成清晰、简单的词语，比方说"对"或者"错"。在紧急关头，人们需要愤怒来帮助自己"速战速决"。怒气会伤人，但只有当怒气伤害到自身或者他人时，它才构成问题。如果不能合理处置，怒气会损害我们的健康。哈佛医学院的一项研究发现，8%的青少年都有难以控制脾气的问题，而这个问题会影响他们一生。

　　怒气对健康构成的威胁之一是：抑郁。生气引发抑郁，抑郁导致更强烈的怒气，如此恶性循环，直到失去控制。此外，生气时血液流向手臂和腿部，随时"战或逃"。这就意味着此刻大脑供血不足，容易导致决策失误和头疼。另外，血液的涌动使身体处于战斗状态，如果发作次数太多会引起心脏病突发、中风以及其他神经系统问题。

　　对于青少年而言，生气会抑制人的免疫系统功能，身体因此更容易感染细菌和病毒。这样会导致湿疹、痤疮或者其他皮肤炎症。

　　听完老师的分析，该同学下意识地低下了头，他脸上的确有不少青春痘。但他的心情却更敞亮了，因为他可以正确地看待生气，而不是当父亲生气时，他回报以更大的愤怒；当别的同学觉得他脾气差时，他似乎也不过于介怀了。

小贴士

如何在冲突中保持冷静？

1. 争论时，深呼吸，放松肩膀。如果你的身体向你发送准备战斗的信号，你要冻结这个信息，告诉它冷静下来。如果你跟对方隔得很远，你可以试着做点事分散怒气，如散散步，听听舒缓的音乐，读点有趣的东西。想象你最冷静的朋友会对你说什么，然后将这条建议用在自己身上。练习疏通潜在的攻击，这样会释放脑内帮助你放松的内啡肽。

2. 在讨论时，放慢语速，冷静地解释你的问题，多用"我建议怎样"而不是"你应该怎样"。避免让人觉得你是在下命令或者威胁，尽量提出具体的要求。避免自以为知道他们在想什么。相反，你应该试图与他们沟通，这样你就能听到他们真正的观点。你不一定要同意，但是通常争论只不过是以为他人没有在听自己说话而沮丧的表现。听起来也许很奇怪，但是保持健康和饮

食平衡同样有用。肠道内的神经网络比整个脊髓的都要多，它被称为"迷你大脑"。人体内95%的血清素（一种使人感觉快乐的化学物质）储存于肠道中。一些食物能够以多种方式影响我们的心情——并不是所有方式都是好的，所以请善待你的饮食。

3. 对朋友和家人坦诚总体上能够帮助你减少怒意，因为你有机会谈论自己的情绪，为它们找到出口。

面对"抑郁",该怎么办?

很多人都是在青春期时出现第一次抑郁的体验,也就是一种持续的、消极的情绪状态。在这个状态中,你可能会长时间感到沮丧、失去快乐或者在本该热闹的时候被突如其来的悲伤袭击。在这个状态中,你可能总是对自己抱有消极的看法,感觉自己什么也做不好,而且似乎未来也会一直这样。在这个状态中,也许你还会对日常活动丧失动力,哪怕以往饶有兴致的爱好也让你提不起兴趣;相比较和要好的朋友聊天,你更愿意自己一个人待着。

在这个状态中，你还可能出现体重变化，晚上睡不着、白天睡不醒，甚至可能出现生理疼痛，如头痛或胃痛。这些迹象都表明你可能正在经历抑郁情绪。

"抑郁情绪"和"抑郁症"

确实，随着心理健康教育的普及，近年来社会各界对各类心理健康问题有了越来越广泛的了解，"抑郁症"逐渐走进了大众视野，或许你和同学之间也时常会相互打趣"我抑郁了"，但此"抑郁"和彼"抑郁"非常不同。那么"抑郁症"和"抑郁情绪"之间的关联是什么呢？你首先需要知道的是，抑郁情绪（depressive mood）是一种情绪体验，所有人在人生的某个或者多个时刻都会体验到这样的情绪。当人们遇到学习和工作压力、生活挫折、痛苦境遇、生老病死、天灾人祸等情况时，理所当然会产生抑郁情绪。

而抑郁症（depression）是一个医学诊断，它涉及持续

时间较长的情绪低落、兴趣缺失、能量减退、自我贬低、注意力下降等症状，对人的社交功能、日常生活有着更大的影响。不过需要强调的是，抑郁症的诊断需要医生对患者进行全方位的评估，是只有经过专业系统培训的医生才能给出的判断。

抑郁情绪和抑郁症的关系就好像咳嗽和肺炎一样。咳嗽是每个人受各种原因影响总会经历的表现，例如受到冷空气的刺激，对花粉产生过敏反应等，都有可能是你咳嗽的原因。肺炎则是一种肺部疾病。尽管咳嗽是肺炎的一种症状，但是当你咳嗽时，并不一定就意味着你得了肺炎。只有你去了医院，医生给你做过各种检查，例如使用听诊器来检查肺部，对胸部进行影像学扫描，或者进行血液化验之后，才能综合你的各项检查结果，最终确诊你是否得了肺炎。为了帮助你们更好地理解两者的关系，让我们来看个例子吧。

小明是一个初二的学生，他的好朋友在上学期末转学走了。自打新的学期开始，他从与好朋友两个人一起吃饭变成了自己一个人吃饭。他还感觉干什么都没有意思，成绩也明显下滑。一段时间后，他变得更沉默寡言了，不再参与他以前喜欢的活动，也常常感到无助和自责，认为自己一无是处。他经常在家里待着，即使天气好也不愿意外出。他的食欲减退，晚上也难以入睡。他觉得没有人理解他，即使家人也无法帮助他。

在这个例子中，小明体验到的情绪和行为变化表明他可能正在经历抑郁情绪。这是一种正常的情绪反应，可能是人际关系、学校压力或其他因素导致。然而，如果这种情绪持续存在，严重影响了他的日常生活，可能会发展成为抑郁症。

幸运的是，绝大多数人在青春期体验到的抑郁情绪都很短暂，他们很快就能恢复，回到活蹦乱跳的样子。当然也确实有一部分同学可能需要进一步的帮助，接下来就让我们进一步看看什么是抑郁症、抑郁症的发展和表现，以及现代治疗抑郁症的方式和方法吧。

抑郁的原因

青少年抑郁症常出现的年龄在 12 至 17 岁之间。20 世纪 50 年代，研究人员在对身患疾病或存在身体问题的儿童进行观察时，意外地发现了抑郁症状。最终，到 20 世纪 60 年代，人们才开始对青少年抑郁症进行药物治疗，但当时的用药和实验统计方法都缺乏一定的规范，直至《精神疾病诊断与统计手册》标准的制定和"儿童和青少年诊断性访谈"访谈技术的出现，才对儿童和青少年抑郁症的诊断和用药进行了界定。

在对抑郁症的研究过程中，科学家提出了众多理论。

生物学理论主要致力于探究抑郁症的遗传或神经病理机制。相关研究表明，引发抑郁症的主要原因是大脑中血清素等神经递质系统的失衡、人体内分泌的变化、睡眠相关障碍和遗传因素等。

心理学理论对抑郁症的解释则是由多个与个性、社会甚至文化有关的"小理论"构成的，以下是一些常见的理论：

依恋理论认为，抑郁的易感性源于人们早期经历中情感需求的缺失以及当前不良的亲密关系。

行为理论认为，患有抑郁症的孩子最初通过哭泣、抱怨等行为从社会环境中获得关注并强化了哭闹行为，但这又会导致他人的疏远，加剧抑郁。

认知理论认为，容易抑郁的人会将失败归因于自己，并认为失败会持续发生在所有情景中，而将成功看作特例，并归因于外界作用。

自我控制理论认为，抑郁源于自我监控、自我评价和自我管理过程中的缺陷。

人际关系理论认为，抑郁与人际关系中的挫折有关，并可追溯至早期的情感缺失，经历一次或多次的压力事件（如亲人的死亡等）都会更容易让人产生抑郁情绪。

社会文化理论认为，社会结构性变化（经济衰退等）、人们心理行为模式的变化，以及老一辈迫使年轻一代接受传统思想和行为等，会导致抑郁症状的出现。

青少年的抑郁症状与成年人的抑郁症状有很多相似之处，但还是在一些方面存在差异。例如，患有抑郁症的青少年通常存在更多身体上的痛苦，他们可能还会出现头痛、胃病等变化。在情绪上，患抑郁症的成年人通常描述自己感到悲伤，而青少年往往表现得越来越暴躁和易怒。比如，表现出不礼貌或比平常更缺乏耐心。

此外，青少年对他人的批评较为敏感，这会导致青少年逃避他们害怕失败的活动，还可能伴随社交退缩行为，例如，回避朋友或改变社交群体。这些症状往往比较复杂并且难以

抑郁症的主要症状

察觉，这也是青少年抑郁症很难被直接诊断的原因。

其实还有其他一些心理障碍的表现与抑郁症有着类似的症状，如适应性障碍、双相情感障碍等。所以当你和身边的同学出现了以上症状时，最好的方式还是直接寻求老师或者专业人士的帮助，这样才能及时获得有效的支持，防止情况进一步恶化。

抑郁了，怎么办？

当医生根据症状对抑郁情况做出评估后，就要根据个体的情况制订干预方案了。对抑郁的干预是一个综合性的过程，通常包括**心理治疗**、**药物治疗**以及**生活方式的改变**。有研究表明，心理治疗和药物治疗相结合，同时辅以生活方式的改变可以实现更好的治疗效果。

心理治疗主要采用谈论情绪、鉴别压力事件、分析家庭环境或学校环境等方式，改善患者情绪上和生活中的抑郁状态。

药物治疗是让患者通过服用处方药物的形式，来改善大脑中的化学物质失衡或结构失衡的状态。药物治疗可以作为心理治疗的补充，或者在无法使用心理治疗时作为一种替代方法。对于正在成长的青少年，医生对药物的选择和使用会非常谨慎。

同时，青少年还可以通过一些辅助的方式来帮助自己战胜抑郁状态，包括规律的运动、健康的饮食以及足够的睡眠等。重要的是，每个人的抑郁症状和情况都可能不同，因此治疗方法应该根据个体的需要进行调整。如果你或他人正在经历抑郁状态，建议尽快咨询精神科医生或专业心理健康医

关注呼吸

赶走坏想法

关注当下

打电话给信任的人

小贴士

专业人士都是谁？

我们一直都在说寻求专业的心理健康支持是至关重要的，那么专业人士都是哪些人呢？常见的精神科医生、心理治疗师、咨询师都属于专业人士，他们之间也有很大的区别。

对比项	精神科医生	心理治疗师	咨询师
工作描述	精神科医生对精神障碍进行诊断，为复杂和严重的精神疾病提供一系列治疗，包括开药和心理治疗	心理治疗师对心理障碍进行评估，提供心理治疗或咨询。通常与精神科医生配合工作	咨询师（在学校工作的咨询师也称为心理辅导老师）为生活水平状态和认知功能正常的群体提供心理咨询，帮助人们管理和应对生活中或情绪上的起伏
执业范围	☑ 精神障碍诊断与评估 ☑ 药物处方 ☑ 心理治疗（须另外接受系统培训） ☑ 心理咨询（须另外接受系统培训）	✗ 精神障碍诊断 ☑ 精神障碍评估 ✗ 药物处方 ☑ 心理治疗 ☑ 心理咨询	✗ 精神障碍诊断 ☑ 精神障碍评估 ✗ 药物处方 ✗ 心理治疗 ☑ 心理咨询
专业要求	医学	临床医学/临床心理/心理学	医学心理学/咨询心理学/教育学/社会工作
工作场所	医院精神科/医疗机构	医院心理科/医疗机构/心理服务机构	学校、社区、基层医疗卫生机构、公司内设的心理咨询部门

生，以获取更详细的建议和指导，从而尽快走出抑郁，恢复如常。

总结来说，精神科医生、心理治疗师和咨询师是在不同领域提供心理健康服务的专业人士，他们在治疗和支持个体的心理健康方面发挥着不同的作用。如果同学们正在面临一些短期的情绪困扰或挑战，如适应问题、学业压力、友情关系、情绪波动等，可以选择寻求学校心理辅导老师的帮助，通过谈话和聊天来解决问题；如果出现情绪问题持续时间比较长、自我价值感下降、社交退缩等情况，可能需要找到经验丰富的心理治疗师，开展更深入的心理探索和疗程；如果出现了幻觉、妄想、情绪极端波动等症状，就需要寻求精神科医生的评估和治疗，做好药物治疗和更深入的精神健康干预的准备。

不过，如果确定不了自己或者周围人的情况，不用担心，找到上述任何一类专业人士，他们都会给出相应的建议。

04

第四站

青春期,朋友间相爱相杀的小烦恼

我该道歉吗？

青春期的朋友关系，是相爱时的亲密无间和相杀时的冷若冰霜。一点点小事就会升级为朋友间的误解甚至冲突。有时候，我们可能会陷入矛盾，不知道是否应该向对方道歉。让我们来看一个关于三个好朋友之间的故事，从中了解道歉的重要性以及解决冲突的方法。

三个好朋友之间的误解

故事发生在上海某校七年级，有三个要好的朋友，他们整天形影不离，友情堪比"桃园三结义"，我们姑且称他们为刘同学、关同学和张同学。

有一天放学后，刘同学和关同学突然决定去玩剧本杀，却没有等张同学。张同学知道后很不高兴，觉得自己被冷落了，非常生气。聪明的刘同学意识到自己的确疏忽了，立刻向张同学道歉，说自己没有考虑到他的感受。这一说，张同学也原谅了他，友谊保住了。可是关同学居然不肯道歉，还说他根本没有冷落张同学。这下可糟了，张同学更生气了，他让刘同学在他和关同学之间做个选择。结果，三个好朋友的友谊就这样出现裂痕，唉，可怜的关同学反而成了孤单一个人。

不道歉的"隐情"

你们猜猜，为什么关同学不愿意道歉呢？其实，有的人觉得道歉会让自己看起来没那么强大，认为自己没有做错什么，不应该向别人低头。这和心理学中的一项研究结果相符哦！研究人员发现，拒绝道歉的人可能会感觉更强大和更有控制感。这种感觉会转变成更强烈的自我价值感和正义感，使得他们不愿意妥协或认错。

此外，还有几种原因。有些人不愿意道歉是因为他们觉得道歉会伤害他们的自尊心。他们害怕认错会让别人觉得他们软弱或失败，所以选择保护自己的自尊心，不愿意低头道歉。有些人不愿意道歉是因为他们害怕面对冲突和尴尬的局面。他们可能觉得道歉会引发更多的争吵和矛盾，所以选择回避道歉，希望问题能够自行解决。还有些人可能因为对自己的行为产生了一种"我没错"的错觉。他们可能认为自己的行为是合理的,或者不觉得自己做错了什么,所以不觉得需要道歉。

但是也有同学说,会不会是张同学的占有欲过强了?确实,刘同学也不应该道歉。生活中有些场景,也许我们根本就不应该道歉。但研究结果显示,道歉在很大程度上能改善人际关系,这不仅适用于人和人之间,甚至也适用于任何一种相互关系。

道歉的重要性

适当的道歉可以修复关系、化解紧张局势,并表达出尊重和同理心。在故事中,刘同学向张同学道歉,并表示自己没有照顾到他的情绪,这是一个积极的举动,张同学也原谅了刘同学。道歉其实还有很多"好处":

修复关系与恢复信任: 道歉是修复破裂关系和恢复信任的有效方式。当我们伤害了朋友或亲密的人时,道歉表明我们意识到自己的过错，并愿意为此负责。这种真诚的歉意能让受伤的一方感到被尊重和重视，从而减轻负面情绪，促进关系的修复。

降低紧张情绪： 未解决的冲突和积压的情绪可能导致紧张和焦虑。通过道歉，我们承认自己的错误并表达歉意，有助于减轻内心的负罪感和不安情绪，让自己和他人都感到释然。

增强自我认知： 道歉需要我们反思自己的行为，并理解对方的感受。这个过程促使我们更深入地了解自己，增强自我认知和情商。对自己的行为负责，是成熟和自信的表现。

促进共情和同理心： 道歉是一种展现同理心和关心他人感受的方式。通过道歉，我们表现出关心他人的内心世界，

并愿意为自己的行为带来的伤害负责。这有助于建立更深层次的情感联系和共情关系。

积极解决冲突： 道歉是解决冲突的重要一环。通过坦诚地表达歉意，我们可以开启对话，理解对方的观点，寻找共同的解决方案，从而改善关系。

促进自我成长： 道歉需要勇气和自省，是自我成长的过程。当我们意识到自己的错误并勇于道歉时，我们不仅修复了关系，也成为更好的自己。

道歉的几种类型

另外，社会心理学家海蒂·霍尔沃森研究了道歉的类型，结果得出三种不同的表现形式。

1. 提出补偿——试图对自己所犯的错误采取弥补措施。
2. 表示同情——认可他人所受的伤害，使其感觉到自身的价值。
3. 承认违反了规矩和准则——承认你破坏了所处社会团体或组织的规矩和准则。

霍尔沃森对这些道歉方式所做的补充说明非常重要，她认为，用同一种方式对不同的人说道歉，收到的效果不同。比如，那些视自身为独立个体，不太合群的人倾向于接纳"提出补偿"这种道歉方式；而那些通过和其他人（如家庭、公司或者宗教团体）的联系来定义自己身份的人，更接受"表示同情"这种道歉方式。

心理咨询师依兰娜·西蒙斯则认为，我们不应该将"我错了"放在"说"上面。事实上，一些律师事务所是禁止向顾客道歉的。她认为，我们应该用结果证明歉意，而立马说抱歉会减轻一些我们对自己行为的负罪感。西蒙斯相信，这种负罪感可以成为鞭策自己的强大动力，让自己变得更好。

回到前面的难题——若我们像关同学一样被迫说道歉，即便我们自己没做错事，我们不妨换一个角度：我们能在最开始就防止这种道歉发生吗？能在误解产生前就制止这种苗头吗？因为许多的争论和苦恼都是源于人和人之间的误解。

我们生活的世界倾向于控制逻辑的左脑，而不是主管情绪的右脑。这意味着我们在看待事情时常常局限在两个方面：要么偏向"是"，要么偏向"非"。这样一来，"是"与"非"之间的矛盾会慢慢升级，直到右脑最终发挥作用，使人生气和苦恼。

阻止矛盾激化有一个简单方法，就是思考一下你和对方

的关系,然后问自己:"是坚持自己正确重要,还是你们之间的关系重要?"这个方法很管用,因为这样能让你情绪化的右脑在恼怒之前正常运转。

通常你可能会发觉你们之间的关系更重要,然后"是或非"的重要性顷刻就会消失。事实上,这个方法让你在和他人的互动中多些谦逊,少些骄傲,最终,你们中总有一个人会需要找个办法说道歉。

所以,亲爱的小伙伴,记住哦,道歉是展现善良和宽容的方式,是我们成长的一部分。在处理朋友之间的小矛盾时,勇敢说出"对不起",修复友谊,保持快乐的笑容吧!

人不为友,天诛地灭?

上一篇文章中,我们提到过三位同学的友谊风波,故事还没有结束。

在关同学拒绝向张同学道歉后,张同学需要刘同学选择站队,刘同学和张同学认识得更早,所以刘同学选择了张同学,而关同学则感觉自己遇到了占有欲过强的朋友,情绪大受影响,他和家人沟通后,商量着要不要放弃这段友情。

对朋友要比对自己更好？

俗话说："人不为己，天诛地灭。"你们能做到为朋友尽最大的努力吗？

也许你们会深思或者诚实地做后退摆手状，但牛津大学的弗雷那·哈里森博士告诉你们——你们能！

他们曾经做过一个实验。研究人员随意征集了19名志愿者，这些志愿者大多彼此认识，但是没有血缘关系。在测试之前，志愿者都做过调查问卷，研究人员会知道谁和谁关系好，谁和谁不怎么"来电"，但这并不是他们的目的。规则是，参与者被要求背对着墙蹲着，两膝弯曲并成90°直角，看谁坚持的时间长。每个参与者都有5次蹲的机会，一次为自己，剩下的为同伴——两个最亲密的伙伴和两个最不亲密的熟人。

为了尽量减少对实验结果的影响，研究人员允许参与者在每次蹲后休息一阵，为下次蹲做好准备。实验开始前，每个人都要有一次"自虐式"下蹲，就是要达到忍耐极限。这个数值起到标准化作用，因为每个参与者本身的身体素质不同，而且每多蹲1秒还奖励0.01英镑呢！

辛苦半天，最后实验结果果然和大家设想的一致：比起为普通熟人，为朋友"出力"时，参与者的双腿肌肉更争气，坚持得更久。有趣的是，为了关系亲密的人，参与者蹲的时间甚至比为自己时更久，足足有1.5倍！

2007年，伦敦大学的伊莲·马德森也做了类似的实验，实验方法与上面的实验相同，但不同的是，这些参与者都是有着血缘关系的亲属。在这个实验中，尽管比起不那么亲密的亲属，参与者同样会为了关系更亲密的亲属蹲得更久，但是却不会久到超过为自己的好友。

之所以会发生这种情况，哈里森博士认为，在人类活动中，紧密的社会联系对于合作有着促进作用。"人们可能设想，家人本是同根生，所以只要自己有事，亲人无论如何都会拔刀相助。但对于没有血缘关系的伙伴，这次我对他的倾力相助将成为下次他为我帮忙的保证。"

这也许部分解释了刘同学道歉行为的动机吧。那关同学的判断是否正确呢？张同学是否真的占有欲过强？

怎么选朋友？

友谊是一种特殊的人际关系，朋友之间会彼此关心、彼此帮助，并且有一定的亲密度。互相关爱是友谊的必要条件，那么怎么理解这些关爱呢？比如，在朋友伤心难过时，要安慰他；当朋友获得成功时，要和他分享胜利的喜悦。虽然人们普遍对大部分人会有关切之心或同情之心，但是作为朋友，要真心对待而不是别有用心。

同样，友谊来自我们的生活。在生活中难免会出现一些问题，而朋友会对我们有所启发，比如在一些为人处世的层面上也许朋友会影响你变成什么样的人。所以，有些时候把某人当朋友的一部分原因是他有良好的品质。而亲密也是友谊的推动力，但与其说是亲密还不如说是信任。

论文《朋友》的作者托马斯说："我们会告诉朋友一些不轻易告诉任何人的事情，也就是自己的秘密，这是希望我们的朋友知道一些我们自身的生活细节。这种是'自我披露'。"托马斯认为，在建立"信任的纽带"和坚固的友谊过程中，这种自我披露至关重要，可以让我们彼此承担各自的脆弱。

如果你仔细地阅读了这篇文章，你就会意识到，与人为善实际上也是一种"自私自利"，或者说，至少是将你很想要的东西弄到手的好方法。而如果你分享给朋友的多，以后能得到的也多。也许这才是"为什么要与人为善"的真正答案。让每个人都高兴，当然是件大好事，前提是你选择了一位值得交往的好朋友，尽管有时候也会有一些例外。

也许对关同学而言，张同学也不再适合做他的朋友。对他而言，如果继续和张同学纠缠不清，张同学也许以后也会让他不要和别的同学玩，这就是父母说的"有毒"的朋友吧。

遇到"有毒"的朋友怎么办？

友谊可以让生活更美好。和好朋友一起出去玩很有趣，朋友在困难的时候给予支持，可以帮助你成长。不幸的是，有些友谊是"有毒"的。"有毒"的朋友会让你的生活变得更艰难、更复杂，而不是更好，和他们在一起会让你感到不开心或焦虑。

遇到这样的朋友，最好的办法就是把他们从你的生活中剔除。有时候，这是最好的选择，特别是当你朋友的行为给你带来很多痛苦或让你感到不安全的时候。

如果你想知道朋友是否"有毒"，可以试试下面这些策略：

1. 了解迹象："有毒"的朋友往往表现为自私和挑衅，当他们没有得到他们想要的东西时，会变得咄咄逼人、消极攻击或不屑一顾。

2. 设定界限：与"有毒"的朋友交往时，设定界限并让他们知道哪些行为是不可接受的非常重要。例如，如果他们总是批评你，让他们知道你不会容忍这种行为。

3. 诚实面对：如果你觉得这种友谊不健康，那么诚实面对你的朋友是很重要的。让他们知道你需要一些空间；如果事情不改变，你不能继续这种友谊。

4. 与积极的人为伍：与积极的人为伍可以帮助抵消"有毒"友谊的负面影响。与那些让你感觉良好并支持你的人在一起。

5. 照顾自己：处理"有毒"的友谊时，照顾好自己很重要。确保你有足够的睡眠，饮食健康，并参与让你快乐的活动。

记住，如果这种友谊对你不健康，你必须选择结束它。重要的是优先考虑什么是对自己真正有益的，并与支持你的积极的人为伍。

对"欺凌"坚决说不!

几个真实的故事

"问题家庭"

马西出生于一个"问题家庭",她的亲生父亲酗酒,妈妈经历了两次离婚。现在,马西和妈妈、继父以及两个同母异父的弟弟住在一起。马西性格内向,在班上没有什么朋友。在学校,经常会有男生朝她扔粉笔头,或者对她推推搡搡,有个男生甚至曾把一块嚼过的口香糖粘到她的头发上,给她带来了不小的麻烦。女同学则嘲笑她穿着老土,说话带口音。课间休息的时候,女生们总是

凑在一起说说笑笑,可是每次她一走近,女生们就停止说笑,沉默地望着她。

有一次,好不容易有个女同学同意到马西家玩,她们一起在院子里爬树、玩躲猫猫,马西开心极了。可是第二天上学的时候,那个女同学告诉马西,妈妈不让自己再去她家玩了,因为怕被马西"带坏"。马西真伤心啊!她不明白自己做错了什么事,为什么全世界都不愿意接受她。从此,她变得更加沉默、内向了,经常独来独往,放弃了在学校里交朋友的想法。晚上,她常常一个人躲在被窝里哭泣,甚至还想到了逃学和辍学。

别以为有钱就能收买人心

跟马西相反,小雅家境富足,她的成绩也很好。但不知道什么原因,她在学校里也总是会被同学欺负。女同学嫌她长得丑,嘲笑她是个"胖冬瓜";男同学则经常跟在她身后叫她"马屁精"。有一次小雅过生日,带了很多昂贵的巧克力到学校分享,希望能够借此改善一下和同学的关系。可是,有个女同

学居然把她的巧克力扔到地上，对她说："别以为有钱就能收买人心。"

还有一次，她被一群人推到地上，腿撞出了血，她的父母要带她去医院，可是她坚持不去，而且不肯说出自己受伤的原因。因为她害怕父母去跟老师告状，而那些欺负她的人受到老师的惩罚之后只会变本加厉地欺负她。如今，小雅唯一的希望就是快点毕业，去一所谁也不认识她的学校，希望那里的新同学会对她好一些，她也能找到几个好朋友。

马西和小雅的故事都是来自德国反对学校欺凌网站上的真实故事。欺凌指的是对他人长期施行的语言或行为暴力，换句话说，就是欺负别人。

欺凌的原因

为什么会出现欺凌行为呢？原因有很多。有时是出于无知；有时是出于排外，比如在马西的故事中，马西由于出身和家庭的原因被视为异类，不被一般同学接受；有时是出于嫉妒，比如小雅的故事；还有很多参与欺凌行为的人，其实只是"随大流"，不愿意自己成为局外人，同样遭受欺负。

什么样的人会成为欺凌行为的牺牲者呢？专家认为每个人都有可能。就连美国前总统奥巴马小时候也曾因为长了一对招风耳而备受嘲弄。一般来说，如果性格内向、害羞、敏

感，尤其是自信心不是很强的话，会更容易成为欺凌行为的受害者。从上面的故事里可以看到，马西因为家境不好而不自信，小雅则因为自己的相貌而不自信。

如何对抗欺凌？

如果你是受欺负的人

首先必须建立自信心，才能彻底摆脱被欺负的处境。要知道，世界上没有完美的人，每个人都有自己的优点和缺点。你要坚信，不管别人认为你长相如何、穿着如何、出身如何，不管你有什么毛病，在这个世界上，你都是独一无二、不可替代的。

你不必为自己有缺点而感到羞耻，因为它是你作为个体的一部分。当受欺负时，你要学会冷静对待，争取不要哭叫，因为欺负你的人最愿意看到哭闹的一幕。你还要知道，大多数欺负你的人，其实内心也不是那么自信的，他们要通过夸大别人的缺点来打击别人，或者加入多数人的队伍来取得自信，这本身就是一种怯懦的表现。

如果你是目击者

当看到同学被欺凌时,你应该站出来,而不是作为旁观者。想一想,当你受到欺凌时,有一个人站出来支持你时的感觉,你就知道为什么应该做同样的事情了。

美国明尼苏达州立大学教育学教授沃尔特·罗伯茨说:"有旁边的孩子站出来说公道话,制止欺凌的效果要比我们大人介入强十倍。"

如果你欺负了别人

大多数爱欺负别人的孩子并不是坏孩子,人跟人相处难免会出现一些磕磕碰碰。人无完人,谁能保证永远不犯错误呢?孔子说:"己所不欲,勿施于人。"如果你无意中欺负了别人,那么你最好能向被你欺负的人道歉。

道歉需要很大的勇气,它比欺负人更能证明你的成熟。假如你无法鼓足勇气道歉,至少以后不要欺负别人。就算你不能在别人实施欺凌行为时挺身而出,为被欺凌的人打抱不平,也不要"随大流"去欺负别人。因为今天你欺负别人,明天那个被欺负的人可能就是你。

小贴士

欺凌发生了怎么办？

最有效的方式还是向老师和家长寻求帮助。你平时应该详细了解学校处置欺凌的规则，了解什么情况下应该向老师或学校管理人员报告。欺凌事件发生后也要尽量保留或拍摄证据，以便相关人员能更有效地处理该事件。

05

第五站

永在的亲情

妈妈,能不能别管我?

我需要像以前那么乖吗?

家有青春期青少年,和父母之间的对话情景和下面有很多相似:

"雨婷,该起床了,再不起床要迟到了。"
"妈妈,能不能别管我?"
"雨婷,该洗澡了,你怎么还在看手机?"
"妈妈,能不能别管我?"
"雨婷,都十一点了,该上床睡觉了,明早还要上学呢。"
"妈妈,能不能别管我?"
"雨婷,选修课选篮球吧,打篮球可以长个子。"
"妈妈,能不能别管我?"

小伙伴啊，最近你的父母和你们班主任沟通了，说你再也不像小学时那样乖了。他们其实是为你好，但你总是不领情，经常对他们说："妈妈，能不能别管我？"或者直接关上房门，这样大家都受到情绪的影响。唉，你们本来以为亲子关系挺好的，到底出了什么问题呢？是妈妈那边出了问题还是你这边呢？

面对这样的情况，我们该如何理解，以及如何应对呢？

有没有想过和父母聊天？

之前提到过，进入青春期后的我们和朋友聊天的时间会远远多过和父母聊天的时间，这很正常，但有时候我们仍需要来自父母的帮助和建议。

那么你有没有想过主动和父母聊一聊？也许这能化解我们与父母的一些矛盾，至少可以减少潜在的矛盾激化。

大人问问题只是想要对你和你在做的事情表示关心而已。你可以避开盘问，练习有规律地在日常聊天中谈论比较严肃的话题。国家卫生健康委员会的于学军认为，家庭的核心功能是提供社会支持。如果你常跟父母谈论一些日常琐事，那跟他们谈论重要事情的时候就会更容易说出口。在这里，我们为你和父母聊天提供一些谈资。

找到你和你父母都感兴趣的话题。也许你们都喜欢嘻哈乐，或者你和父亲都热衷运动，聊一聊最近的足球赛会比较容易展开话题。

在吃晚饭的时候可以试着问问父母一天过得如何，或者问他们在你这个年龄时都在干吗。他们会有兴致回答，你也会更多地了解他们。

可以谈一谈你们最近观看的电视节目。一起大笑着看喜剧会使你们更亲近。每周计划一个游戏之夜，或者在下象棋时随意聊聊。

如果有手机，你可以发信息或者即时短信跟父母保持联系。

美国学校心理辅导员的建议是即便你和父母的关系看起来比较紧张，但任何时候想要加强与父母的联系都不晚，这样父母可以在你遇到困难的时候给予你支持和帮助。

自我身份认同

当然，我们也不能完全听之任之，让我们和父母之间的负面情绪影响到日常学习和生活。所以，在整个青少年时期，我们面临的最大挑战莫过于自我身份的认同。也就是说，在进入青春期的时候，我们需要搞清楚自己是谁，在这个世界上有着怎样的位置。同时，我们也常常感到不安，不知道如何融入社会。正如前面章节提到过的，这其实是心理学家埃里克森在20世纪中期描述的社会心理发展的主要阶段之一。

在人际关系中，培养良好的自我意识非常重要。临床心理学家蕾娜·德马克曾表示，青春期阶段我们与父母的个别冲突可以帮助我们逐步过渡到成人阶段，这样我们"就不会像突然成为大人那样，一下子就要承担起责任"。

为了获得指导，我们可以向周围的人寻求帮助。德马克解释说："为了形成一种身份认同，你们会以父母和同龄人

为榜样。"这里的同龄人指的是年龄相仿的青少年群体，通常是学校或社区的朋友。在大多数情况下，我们会"疏远父母、亲近同龄人"，这往往从13岁左右开始。这和我们儿童时期的行为有很大的不同，因为儿童通常以取悦父母和其他成年人为目标。

换一种沟通方式

我们需要一些独立空间，所以希望和父母保持一定的距离。我们说"妈妈，能不能别管我"的潜台词其实是"妈妈，我想有自己的独立空间"。基于这样的理解，让我们稍微改写一下之前的对话，重新演绎一下：

"雨婷，该起床了，再不起床要迟到了。"

"妈妈，能不能别管我？我可以自己设定好时间，我可以自己尝试承担自己行为造成的后果。"

"雨婷，该洗澡了，你怎么还在看手机？"

"妈妈，能不能别管我？洗澡是我可以自己安排的事情，我眼下有一个必须和同伴交流的事情，等我解决完这件事后我会自己放下手机然后去洗澡的。"

"雨婷，都十一点了，该上床睡觉了，明早还要上学呢。"

"妈妈，能不能别管我？我当然知道已经十一点了，我也知道明早要上学，但是我不希望你来催我，从早上起床到晚上睡觉。"

"雨婷，选修课选篮球吧，打篮球可以长个子。"

"妈妈，能不能别管我？请首先尊重我自己的选择权，作为家长您可以提建议，但是我有采纳和不采纳的权利。我很要好的朋友今年选了足球，我想要和我的朋友上同一个选修课。"

可能你会问，明明可以把自己的想法和理由说出来，以非暴力沟通的方式交换想法，为什么在家长听来就只剩下冷漠拒绝沟通的"独立宣言"了呢？

其实有调查显示，非暴力沟通的确很有用，但在很亲近的亲子关系中，大家通常会选择直截了当的对话，即缩减成"能不能别管我""我需要安静"等简短的表达，甚至不自觉地代入了情绪。在这一点上，家长可能需要做出更多的让步。

小贴士

和父母关系紧张怎么办？

如果你们和父母之间的关系陷入困境，送你们几个锦囊，以备不时之需：

1. 始终不要放弃和父母进行沟通。即使已经形成自我身份认同，你们依然需要和父母保持联系。毕竟，在很多事情上你们仍然离不开父母的支持和帮助，比如住房、生活等基本物质需求。更何况，和父母之间的情感纽带也非常重要。要记住，他们始终是爱你们的，希望你们安全和快乐。他们想尽力给你们最好的建议。

2. 有时候，你们可能需要花点心思，引起父母的注意。儿童心理学家认为，与父母聊天有利于减压。一起面对问题能够找到更多处理和解决的方法，你们也会感觉更好。知道父母了解你们，关心你们的处境，能够帮你们大大地减压。你们可以和父母谈谈

彼此在自己和对方身上看到的优点，例如善良、有创造力或努力工作。

研究表明，掌握更好的倾听技巧会促进关系的改善。即便是像一次专注的谈话这样简单的事情都可能有所帮助，更何况是这样一种看见彼此闪光点的双向交流。有时候父母的第一反应并不是你们想要的，也许是因为他们需要时间来思考你们告诉他们的事情。如果是这样的话，你们应该表现出尊重，试着理解他们的观点。当父母有自己的忧虑时，不一定能够成为积极的倾听者。他们像你们一样，也有人生的起起落落。

3. 怎么与父母沟通"难题"。你们的语言很多都是从父母那里习得的，其实你们应该很容易沟通。挑一个合适的时机，最好不要在你们冲出家门去赶校车的时候，只要确保每个人都不是处于急迫状态下就行。

你们可以选择一起散步，也可以选择在车程中或者睡前聊天。你们想从谈话中得到什么？也许你们只是想要父母明白你们的感受；也许你们想要获得父母的许可去尝试一件新鲜事情；也许需要父母的建议，怎么处理让你们感觉不安的状况；或者需要他们原谅你欠考虑的决定。不管原因是什么，心里有计划就能帮助你们得到想要的结果。

如果你为考试考得太糟而担心，因为朋友搬家而沮丧，或者怕在学校话剧表演时记不起台词，你们可能会想，如果告诉父母他们会怎么反应。这里给你们提供一些问题，能够引导你们处理这些艰难的谈话。你们该告诉谁？你们可以选择家庭成员中的一个或者多个成年人。你们可以决定是否让兄弟姐妹参与谈话，以及什么时候进行谈话。

4. 如果遇到问题，可以向咨询师或心理健康专业人士咨询。这对于解决困境可能会很有帮助。如果不能和父母谈心，你们可以找其他大人，比方说任何能帮助你们的亲戚、辅导员或者老师。对于你们来说，青春期是一个充满变化和机遇的时期，这会给你们及父母带来很多困惑。但幸运的是，如果你们在童年早期就与父母建立了良好的关系，即使受到考验和变得紧张，这种良好的关系很可能在青春期继续保持。

独立前的序曲：母与子的青春期对照

一个人在青春期阶段，身体、认知、情感和人际关系等方面都会发生一些敏感且很难把握的变化。每个家长都期待孩子可以平稳地度过青春期，但由于自己的青春期已经远去，忘记了当时的无助感与不适感，才导致孩子的青春期成为亲子关系最紧张的一个阶段。

下面我们借着一位母亲的回忆，一起来理解父母与我们之间的异同。这位母亲名叫肖玉敏，是教育学的博士。下面是她写下的关于自己和儿子的青春期文字。

共性的部分

开始写这篇文章时，我不禁感慨，我曾经和儿子一样年轻啊。我的青春期是那么张皇，处处有遗憾却又充满期待。

发现自我：在与母亲的斗智斗勇中长大

我出生在20世纪60年代末，自小不在父母身边长大，对父母的疏离感到了青春期阶段变成了对母亲的畏惧感。父亲经常出差，母亲容易发火，我随时都想躲开她。母亲自小在宁波市区长大，大专毕业后被分配到陕西的一个小乡镇——蔡家坡镇。她知道城市生活的样子，期待自己的孩子能努力学习，考上一个好大学，将来有机会到城市里工作，不要"窝"在这个小地方。

我那时自然不懂小地方意味着什么。高中以前，除了很小的时候跟母亲去过宁波，就再没去过其他城市，哪怕是最近的宝鸡，所以对所生活的小乡镇以外的生活完全没有认识。那时被各种闲书诱惑着，阅读《读者文摘》《基督山伯爵》这样的杂志和小说是我的爱好。母亲更主张我看和学习有关的书，如当时很流行的"数理化自学丛书"。她恨不得我时时刻刻都在学习，而我过得胸无大志，所以我和母亲一直玩"躲猫猫"的游戏。她让我晚上多花些时间学习，我就假装学习，把闲书放在课本或作业本下面，被她发现后就得到一顿痛骂。当然，挨骂之后，我依然我行我素。

初、高中阶段，当我成绩有所下滑时，就会被母亲劈头盖脸地批评。她总是气哼哼地问："你脑子里想什么呢？"以当时的认识水平，我对生理上的变化有点厌烦，也还没有意识到两性之间的差异意味着什么。虽然我也懵懂地喜欢过一两个出色的男生，并希望他们也喜欢我，但完全没有更多的想法。因此，"你脑子里想什么呢？"这个问题一直是我青春期的困惑。母亲从不跟我解释，我也不敢问她。母女关系在我的青春期阶段没有带来暖意。

有了儿子之后，我想的是不能让孩子经历我所受过的委屈，所以尽可能地给他一定的自由。然而，说说容易，做起来很难。以前我迷恋的是闲书，如今儿子迷恋的是音乐、游戏和动漫。他的眼界比我要开阔，我无法指责他喜欢这些东西，也尽可能不干涉他喜欢这些东西，但在时间上，我还是想有所控制。我自以为儿子算是比较听话的，不让他玩的时候他就收敛了。结果现在听他说，他也是阳奉阴违，一直与我斗智斗勇，半夜会把手机从客厅拿到自己的卧室，早晨再送出来。

青春期孩子的智慧和能力是可以应对父母的管控的，较劲儿的结果基本上都是父母输掉。有时，父母拥有表面的胜利，但孩子在内心并不服气，有办法敷衍和对付父母的要求。我经常能够识破儿子的一些小伎俩，但尽量看破不说破，只是话里有话地提醒一下。儿子当然明白，也知道我在给他留面子。所以他的整个青春期没有特别逆反，母子关系保持互谅互信。

认识世界：超越学校的限制

不得不说，母亲虽然不愿意我的时间被闲书占据，但为了拓宽我的知识面，她还是订或借杂志和图书给我们看。因此，当工厂里的子弟大都在空闲时间娱乐休闲或聊天时，我一直徜徉在知识的海洋里（这是那个年代常见的一句话）。四大名著、《人生》等不同类型的书和一些有质量的期刊，如《科学画报》《文史知识》等，都是我那时常看的。虽然我成长在一个偏远的小地方，对书中看到的很多东西也是一知半解，但是由于喜欢阅读，自己的眼界和视野并不狭窄，为考大学奠定了很好的基础。

儿子爱好广泛，我们希望他能够兼顾学业和爱好，对任何可以提升能力的事情都尽可能地支持他。初、高中阶段，儿子用在应付学校功课上的时间和精力与坚持自己的爱好，如看课外书、吹长号、作曲等，达到了一种可接受的平衡。尽管最后他没有进入顶尖名校，但也考取市重点高中，进入了比较不错的大学。用我的话说，他在学习方面，付出与收获的性价比比较高。

渴望独立：自我成长的智慧和力量

青春期的孩子都比较倔强，原因之一是他们已经渐渐成熟，对世界已经储备了一些基本的知识和技能，阅读理解和应付日常生活基本不需要成人的协助，独立做事的能力已经形成。很多孩子认为自己不得不依靠父母只是因为没有经济能力。

我在青春期很反感母亲的高压控制，经常感到委屈。因此，好好学习，争取考上离家远一点的学校，获得独立的资格是我当时迫切的愿望。最后我如愿以偿，考到北京，以一种母女都满意的方式结束了青春期。

儿子在青春期的独立意识很强，一般自己在学校能解决的问题，他都自己面对，很少搬弄学校的是非。我一直认为不爱说话的他口才不是很好，然而从高中开始，他就有意识地参加辩论赛，他说为的是锻炼自己的逻辑思维能力和表达能力。他把这个爱好一直保持到今天，已经成为很多国际辩论赛的裁判。

差异的部分

毕竟我和儿子生活的时代不同，从社会文化到校园文化都有着天壤之别，因此青春期的过法还是有很大不同的。

存在感：一个求同，一个求异

青春期阶段，追求自己的存在感，希望对家庭事务和社会现象拥有一定的发言权是作为独立的人对外部世界主张自己权益的开始。

我明显感到，由于从小受到集体主义价值观的影响，我会把社会普遍的价值规范放在优先地位。作为学生要听从老师的安排，不给老师和家长惹麻烦，因此在绝大多数情况下，

我都可以抑制自己的情绪,按照老师和家长的规定按部就班地生活,不希望自己和其他人有什么不同而被老师和同学注意,不求被人关注。

然而,儿子会说:"为什么要和别人一样?"因此他更基于自己的爱好和能力定义自己的初、高中生活。校园外,他并不想严格按照学校和家长规定的路径去生活。以长号为例,他认为这是自己的特长,尽管在中考和高中阶段,我们曾劝说他放弃这个既耗时、未来也不会有大用场的乐器,然而他一路坚持到考完演奏级,成为可以在乐队承担责任的乐手。

焦虑感：一个受限于自己的体验，一个更注重自己的体验

一个人在青春期阶段会因为身体变化、学习成绩和是否被同伴喜爱而焦虑。

因为母亲对身体的变化受过去老观念的影响，使我感到的基本都是负面情绪，羞于谈论任何身体上的变化和不适。当时也没有互联网，没地方查阅相关知识，所以我只能默默地观察身边的同学，然后自我接受。关于身体的迷惑一直都有，我从不对人说，也害怕被别人问，一直到大学买第一双长筒袜时，都觉得是件不光彩的事情。

在学习方面的焦虑更是常见。对于我这样一个成绩不是很稳定的人来说，母亲会不停地唠叨。为了让我更刻苦学习，她经常以打击为主，考得好时不要骄傲，不好时一定是太骄傲了。现在想想自己的成绩其实一直还说得过去，但当时不觉得自己是个好学生，没有自信心，焦虑是常态。

特别在青春期初期，毕业遥遥无期，对于学习的收获也没有很多愉悦感。班级里好学生之间的竞争氛围也让人感到窒息，比如，课外学习资料

那时是稀缺物，谁得到了就会躲躲藏藏不愿分享。好在我心比较大，乐于分享，人缘还不错，因此在家里的郁闷可以和小伙伴分享，有他们的陪伴，青春期过得还算不错。

儿子的青春期所处的时代显然和我的不同，他可以从各种渠道获取关于人体的知识，以至于他去上大学前，我想嘱咐他需要注意什么时，他笑着对我说："妈妈，我该知道的都知道了，网上都有，您放心，我会保护好自己不伤害他人的。"

儿子面临的学习压力比我大多了，如果以前我们同龄人的比较只在自己的年级，现在则是整个上海市。有限的好学校和家长的期待都是焦虑的源头。从内心讲，儿子也想考入顶尖学校。因为从幼儿园开始，教育目标就是培养孩子一步一步地升入最好的学校，家长和学校为此的付出有目共睹，焦虑几乎是每个家庭的常态。但儿子经常追问做题的意义，得出的结论是没有必要，所以他会更多"照顾"自己的情绪和爱好。

虽然他也焦虑自己的学习，努力让成绩稳定在一定水平，但不会为此变得偏执、狭隘，把学习内容只限制在学校要求的范围内。这值得庆幸。我有点羡慕儿子，他在友情方面的焦虑应该是比较低的。他既有一帮关系比较好的同学，也有一个非常好的哥们儿，能一起分享快乐和忧愁。

稳定的友谊让儿子在整个青春期都可以随时向人倾诉自己的烦恼。我一直觉得在人生的任何阶段，友情都是比亲情更重要的依靠，青春期阶段尤其如此。不好跟父母说的话，和朋友说说，从中能得到更多的理解和安慰。

意义感：一个不曾追问，一个经常思考

在我成长的年代，我眼中的世界虽然是宽广无边的，但那仿佛与我无关。我高考的理想地最远也不过是西安，对于北京和上海这样的地方，就像一个触不可及的梦。所以在高考之前，我几乎没有想过人生意义的问题，只是希望有一个自己的生存空间就好。

然而儿子生活的时代已经不同，互联网以及上海的生活环境，给了他一个更大的世界，他见识到的很多东西都可以触动情感的联结。他很早就开始思考人生的意义，比如，他看到有些世界名校的毕业生在毕业后没有去享受优渥的生活，而是去贫穷落后的地方支教或扶贫，给当地带来不小的变化。

他也希望自己将来有能力给贫困地区带去资源，改善当地的生活环境和文化气氛。这是我在青春期阶段无论如何也培养不出的眼界和愿望。

反思：和孩子一起成长

在儿子整个青春期阶段，我问自己最多的一个问题是我以前后悔的事情，他会不会重复。我知道自己在性格、能力、选择等方面，有很多不满意的地方。我肯定不是一个完美的妈妈，很多时候希望自己的弱点不会被儿子看到，自己经历过的曲折、犯过的错误一样不会被儿子碰到。

但是我也深知这是不可能的，所以我认为更重要的是：当我不能以完美的形象出现在儿子面前时，我依然可以通过自己的言行给孩子积极向上的力量。正如我们很难遇到完美的孩子一样，孩子也很难遇到完美的父母。既然不完美，就有成长和改进的空间。

青春期的孩子很容易挑父母的毛病，儿子也是一样。一般情况下，我不会气恼，而是乐意承认自己的不足，让他看到我愿意和他一起努力。比如，他在问我一些英语问题时，我勇于承认自己的不理解，然后和他一起查找和分析资源，他明白了，我也明白了。

更多的情况下，我学我的，他学他的。我会把我学到的东西与他交流,看到好的内容与他分享。他有不同的想法也会和我讨论,这是一个自然而然的过程。虽然我们经常观点不同,谁也不能说服谁,不过最后还是可以做到各自保留,相安无事。我们在平等的基础上相互对话,可以做到放弃改造对方的想法。

这对青春期的孩子特别重要,因为他从家长这里感受到的是理解、尊重和欣赏。虽然孩子会对我们有各种各样的不满,但是如果能从我们身上汲取力量,他们也会尊重和理解我们的局限,为我们的长处感到骄傲。

从另一个角度讲,既然家长可以是不完美的,孩子也可以是不完美的,这有助于他们在自我认识的过程中,无惧困难、不怕犯错,更好地接纳与完善自己。和孩子一起成长,不会降低我们的权威,失去我们的尊严。

相反，一个表现出终身学习素质的家长，能够给孩子一个积极正面的示范，让他们看到在人生的任何阶段都需要通过实践学习与发展。因此，每个人都需要演好学习者的角色，不断增长见识，增强能力，给生活增色。

我认为，我和儿子的青春期都是比较平稳地度过的，说明青春期也可以不用叛逆、心理障碍或精神疾病这样负面的词语来描述。这样一个逐渐认识自我、渴望被认可、追求独立的过程，虽然免不了磕磕绊绊，但也只是人生的一个阶段，它带来的麻烦或遇到的困难是我们可以用好的心态和方法来应对和解决的。

当我们需要帮助的时候

前面我们讲到某同学通过写信和心理老师沟通，更加了解了和情绪有关的课题，最后收获了成长和进步。那么接下来我们就来聊一聊，当我们需要帮助的时候，我们可以做些什么。

正在上初三的毛毛同学在物理课上和老师发生冲突，并且把试卷扔进了垃圾桶。当班主任找到他的时候，发现他正在一个角落里，一个一米八的大高个，显得非常无助。其实最近毛毛同学也很需要帮助，但是他很抗拒去看心理老师，不仅如此，毛毛同学的父亲也觉得班主任小题大做了。平时看上去也不算内向的毛毛同学却不知道向谁求助，这是为什么呢？

开口求助有时候很难

对毛毛同学来说，最简单的办法就是找人倾诉。

但是，前一段时间毛毛母亲身体不好，他不想添堵。想跟父亲沟通，但父亲最近工作太忙，估计也没有时间。那么爷爷奶奶呢，一个患有高血压，一个患有心脏病。朋友呢，他又觉得朋友会嘲笑自己。实在太难了。

快满 14 岁的毛毛同学，个头超过一米八，从小父母就教育他要独立、要坚强。平时他是个乐于帮助别人的人，但很少开口向人求助。当他在考虑自己是否应该去找同学的时候，心里首先想到的是这样做别人肯定会笑话他，而他更害怕的是别人觉得自己太弱了。

当需要帮助时，很多人会万分纠结是否应该开口求助。有可能是因为他们担心开口求助会让别人觉得自己愚笨或者软弱，甚至遭到嘲笑。但是美国宾夕法尼亚大学的一项研究发现，真相恰恰与此相反。参与者被要求就某些问题向人讨

教，被讨教的人会认为这个参与者比一般人要聪明。

　　研究人员觉得，这是因为很多人都认为自己很聪明，如果有人开口向他们讨教，这些人也一定很聪明。

　　很多人在被问到是否愿意帮助他人时会回答"是"，但当被问到是否认为他人会帮助自己时却回答"否"。为什么会出现这种情况呢？美国哥伦比亚大学社会心理学研究者弗兰西斯·弗林认为，这是因为人们通常不愿意换位思考。就拿毛毛来说，如果有人处在他的情况，向他一诉衷肠，他肯定会很乐意帮忙，而且绝对不会觉得对方软弱或者愚蠢，不是吗？既然如此，为什么别人不会像他那样呢？

进化出助人本能

社会心理学家普遍认为,助人的行为首先是出于基因利益,是人类进化和生存的必需。从利己主义角度而言,人们帮助他人,是期待也会得到他人的帮助作为回报;而当人们帮助自己的家人或族人时,其实也是在帮助自己。帮助行为让人类得以繁荣,保持族群的延续。

另外,帮助他人会让人自我感觉良好,给人带来情绪上的愉悦,还会让人摆脱沮丧和不开心。心怀愧疚的人通常更愿意帮助他人,这就是一个很好的例证。

除了以个人利益为中心的利己主义的出发点,研究者还发现,人类还普遍拥有一种被称为"利他主义"的倾向。也就是说,帮助他人不求回报,即便这种行为会给自己带来损失。

利他主义行为的来源之一是人类的同情心,当看到别人陷于困境时,人们通常会感同身受,愿意伸出援手。同时,当帮助他人时,作为社会群体的一员,这种行为增强了他们和其他成员之间的关联,促进了群体的利益。

例子之一就是数百万人自发参与慈善事业或者在危急时刻伸出援手。他们奉献出时间、力量和资源，而不求任何回报，甚至可能都见不到他们所帮助的人。近年来，科学家发现，利他主义不仅出现在人类身上，也存在于动物和植物之间。

但是，开口求助也是需要技巧的，否则不但得不到相应的帮助，也许还会把本来简单的问题弄得复杂。

向谁求助？

首先应该想到的是求助于父母。即使父母不一定立刻理解我们面临的问题，但是他们也曾年轻过，很可能碰到过相似或者相同的问题，也许他们比我们想象的更能够理解我们。

当然，如果确定父母不会或者没法帮上忙的话，我们还有其他人可以求助。

紧急情况下，应该向附近的成年人求助。如果问题不紧急的话，可以仔细思考到底该向谁求助。

如果是功课的问题，也许老师是求助的最佳人选。

如果觉得悲伤或者孤独，也许应该向朋友求助。

确保求助的对象能够从专业角度帮我们解决问题。如果朋友的数学不好，问他们数学作业的问题可不是一个好主意。

但这个问题可以在老师的帮助下共同解决。可以把想象得到的能够帮助你们的人列在一张单子上，对他们进行评估，找出最能够帮助你们的那个人。

最重要的是，在寻求他人帮助时保持乐观的心态。除非开口，否则永远也不知道谁能明白或者有能力帮我们解决问题，也永远找不出这样的人。

那么，请你们想一想，如果处在毛毛同学的情况里，你们会向谁求助呢？

这个问题的答案看起来好像很明显，但是当你们真正开口求助时也许会不知道该怎么说。你们可能根本不了解自己的问题的根源所在；或者你们在谈到自己的问题时会变得情绪激动；你们可能害怕谈论自己的问题；或者担心别人即便答应帮忙也无济于事，还不如自己解决来得方便。

探求一下问题的原因可能会有所帮助。比如，如果你们担心自己玩电子游戏上瘾，可以去查查这种上瘾表现的症状。这些症状表现为一玩游戏就忘记时间，无法忍住不去查看游戏进度，在游戏上花太多钱，宁愿玩游戏也不跟朋友或者家人相处等。

这时你们应该跟父母沟通，如果找不到有效的办法，你们的父母就应该带你去心理医生那里寻求专业的帮助。千万不要以为游戏上瘾是小事一桩。

你们还应该知道在求助时想要得到的是什么样的帮助。除非说清楚，否则没人知道你们想要什么。

就拿毛毛同学来说，告诉班主任或者父亲他最近遇到的情绪问题，从后者得到帮助的可能性肯定要大得多。

如果你们告诉朋友你们觉得压抑，即便他们想帮，可能也不知道怎么帮你们。想清楚你们想让他们干什么，并且明确表达出来。把自己的问题写下来不失为一个好主意。

记住，寻求帮助是正确的做法。大部分人愿意帮你们，但是总有时候你们求助的对象会说"不"。你们要做好心理准备，不断开口，直到找到愿意和你一起解决问题的人。

求助之后

尝试过后要学会吸取经验教训。这样，当你们再遇到同样的问题时，自己能够独立解决，就不需要这么多帮助了，所以在他人帮助你们时要多多留意。不然你们不仅学不到东西，对帮助你们的人来说可能还会显得非常不礼貌。

当然，如果别人帮助过你，你应该感激他们，对他们说谢谢，这不但让他们也让你自己感觉良好，他们也更可能在以后再次帮助你。实际上，2010年，有些研究者发现，人们更可能再次帮助那些第一次帮忙后向他们表达过感激的人，他们也会加倍可能地去帮助遇到同样问题的其他人。

最后，也许是最重要的，你们应该试图帮助他人，即便他们可能没有帮过你们。总有人得做第一个帮助他人的人。你们帮助他人的次数越多，在需要时获得帮助的可能性也越大；帮助他人越多，大家在一起也会更加快乐和安全。

毛毛最后决定开口求助。他首先想到的求助对象是班主任，然后班主任帮他预约了心理老师。毛毛同学最终较为平稳顺利地度过了青春期，没有陷入更糟糕的处境，后来他在作文中提到感谢在自己的至暗时刻帮助过自己的心理老师，因为那时，他差一点就要绝望了，感谢心理老师在他"行将溺水"的时候递给了他一根树枝。他也知道班主任和父母也留意到了他沉迷电子游戏背后的原因，父母回家后会开始跟他聊一些轻松的话题，不再给他过多的压力。

附录　有趣的心理测试

在这场探索青春期的旅途中，了解自己的特点和潜力是一项非常值得一试的活动。下面给大家推荐三个基于心理研究的心理测试：

MBTI 类型测试

MBTI（Myers-Briggs Type Indicator）测试是以其创始人凯瑟琳·库克·布里格斯（Katharine Cook Briggs）和伊莎贝拉·布里格斯·迈尔斯（Isabel Briggs Myers）为名的性格测试。MBTI 测试的目标是帮助个体更好地了解自己的性格类型，以及如何与他人更好地相处。

霍兰德职业兴趣测试

霍兰德职业兴趣测试是基于美国心理学家约翰·霍兰德（John Holland）的职业兴趣理论发展而来的，用于帮助个体了解他们的职业兴趣和适合的职业领域。这个模型将人的兴趣分为六个主要类型，每个类型代表不同的职业兴趣和特点。该测试可以帮助我们探索自己的职业发展方向并进行初步的职业规划。

VIA 优势测试

VIA（Value in Action）测试是由"积极心理学之父"马丁·塞利格曼（Martin Seligman）和克里斯托弗·彼得森（Christopher Peterson）开发的基于积极心理学理论的优势测试。该测试评估了个体的性格特质，强调他们的积极品质和优点，而不是问题或缺陷。它有助于帮助我们了解自己的优势，从而提高自我认知，保持积极心态。

需要注意的是，以上测试只是帮助大家理解自我的工具，是自我认知和自我发展的起点，而不是限制性的标签。处于发展阶段的你们仍然拥有多样性和可能性，千万不要被测试结果完全定义哟。当然，除了以上测试，你可能还会碰到一些关于心理健康或者情绪状态的测试（例如，抑郁测试），这些测试是需要在专业心理学家的指导下使用的，通常需要专业训练来解释和使用测试结果。

因此，如果你需要心理评估或咨询，还请寻求合格的心理健康专家的帮助哦。

后　记

亲爱的少年朋友：

　　恭喜你读完这本书，闯过种种关卡，来领取"通关文牒"。

　　当阅读《读懂青春期》这本书时，不知你是否注意到其中的"人称"？有时是"你们"，有时是"我们"。这在写作学术语中也许正是"隐含写作者"（Implied Writer）的外显。是的，写作时，我们正如厨师挑选食材，希望以过来人的角色为青春期的你们呈上色香味俱全的佳肴。有时候希望为你们提供专业的认知引导，让你们吃些"硬菜"，但编写此书时有时会过于投入，共情青春期的你们的同时，也会看到过去的"我们"自己，不小心打掉了一些"醋瓶子"，却做成了味道特别的"酸菜鱼火锅"。

　　想着如果早一点登陆青春期的"岛屿"，会不会因此有更多知性的、科学的理解，而不是一意孤行做一条满是逆鳞的鱼，在努力跃龙门的时候都来不及处理自己的伤口？如果早一点读到《读懂青春期》，我们会不会避开那尴尬的身体发育带来的困扰，被莫名的焦虑缠绕？如果我读到过关于"对'欺凌'坚决说不"的章节，我们会不会很多年后不再执着于因为曾经的经历而同情那时弱小的自己？如果那时候读到"永在的亲情"，会不会更好地和父母沟通，而不是等到成年之后，依然在学着和解？

我曾经也向专业人士求助，她是学校的心理咨询师，她给了我一个温暖的拥抱，说，不如"放下"。那一刻，我觉得自己得到了心灵的解放，终于可以轻松前行。没有"如果"又何妨，即使过去没有怎样，把握当下，依然有效有力量。

从"青春期登陆啦！"到"青春期，认识你自己"，从"青春期，我的情绪我做主"到"青春期，朋友间相爱相杀的小烦恼"，再到"永在的亲情"，我们似乎重新在青春的河流中溯洄了一趟。感恩能够参加这次的编写活动，更希望更多的学生、家长、教育工作者能够读一读这本书中对自己的成长、教育以及工作有启发的章节。关于如何读，我们建议有一些章节可以反复阅读，有一些章节可以跳着读，甚至拿到这本书时，从目录入手，直接挑感兴趣的读。

关于这本书的书名，和大家分享一下它背后的故事。书名最早是"理解青春期"，它是根据《少年时》同名栏目改编，但写着写着，我们将名字改成了"拥抱青春期"，正如序言中所写"青春期是一趟激动人心的旅程"，希望同学们能够以积极的心态去拥抱青春期。初稿完成后，在反复的阅读修改中，我们看到青春期"菩提本无树，明镜亦非台"的一面，青春期本就在那里，一路颠簸，也一路繁花，我们以平常心去读懂青春期，了解真正的自己，做最好的自己，也许这才是勇敢的人间清醒吧。

祝我们都成为更好的自己，做自己的青春期主人，迎着青春的风招展，踏着前行的路繁花。而真正的"通关文牒"就在你们追求独立自由的心灵里，希望你们怀着勇气和智慧，铿锵前行。

图书在版编目（CIP）数据

读懂青春期 / 小多传媒编著；俞姝倩，陈凡改写. — 上海：上海教育出版社，2024.4
（"未来少年"书系）
ISBN 978-7-5720-2571-6

Ⅰ.①读… Ⅱ.①小… ②俞… ③陈… Ⅲ.①青春期－健康教育－青少年读物 Ⅳ.①G479.2-49

中国国家版本馆CIP数据核字(2024)第061274号

策划编辑　刘美文　王　璇
责任编辑　王　璇　李清奇
封面插画　范林森
装帧设计　TiTi studio
内文插图　部分出自《少年时》及网站freepik (http://www.freepik.com)，部分由AK绘制

读懂青春期
DU DONG QINGCHUNQI
小多传媒　编著
俞姝倩　陈　凡　改写

出版发行	上海教育出版社有限公司
官　　网	www.seph.com.cn
地　　址	上海市闵行区号景路159弄C座
邮　　编	201101
印　　刷	苏州工业园区美柯乐制版印务有限责任公司
开　　本	700×1000　1/16　印张 10
字　　数	87千字
版　　次	2024年5月第1版
印　　次	2024年9月第2次印刷
书　　号	ISBN 978-7-5720-2571-6/G·2265
定　　价	45.00元

如发现质量问题，读者可向本社调换　电话：021-64373213